家のごはんといっしょに作ってお届け！

とりわけ冷凍で親ごはん

小菅陽子

女子栄養大学出版部

「とりわけ冷凍」だから、自分も親も、無理なく続けられました

「ひとり暮らしの親の食事が心配」——。友人や、料理教室の生徒さんたちから、そんな悩みをよく耳にするようになりました。

年をとると、料理を作ることはもちろん、食事をしたり、買い物に行くことが徐々におっくうになったり、むずかしくなります。しかも、親の世代は、なんでも手作りがあたりまえだったからか、手作りの味が好き。宅配のお弁当はあまり口に合わないようでした。それに、毎食お弁当だと飽きてしまいますよね。私の親もそうでした。

昨秋、2人の母を見送りました。それまでの10数年間、2人分の食事のサポートをしてきました。実母は、電車を乗り継いで1時間ほどの距離に、ひとり暮らし。訪問介護のヘルパーさんを頼み、妹と協力しながら、私も週に1回は通ってごはんを届けたりしていました。

そして、義母は、二世帯住宅での同居。同居とはいえ、私も夫も日中は仕事がありますので、ヘルパーさんにも協力してもらいながら、食事をサポートしました。

私が楽に続けるために、見つけた方法は「冷凍」でした。冷蔵だと一度にたくさん作るため、まとまった時間が必要ですが、冷凍であれば、家族のごはんのついでに作りだめできます。

親ができること、自分ができることは、世代や生活によってさまざまです。あまりがんばりすぎないのが長く続ける秘訣《ひけつ》です。

この本が、親のごはんが気になっている方のお役に立てると、うれしいです。

小菅陽子

〈もくじ〉

2章
家のごはんといっしょに作れる！
「とりわけ冷凍おかず」

主菜

副菜

汁物

一品で

3章
やっぱりうれしいごはんもの！
「冷凍丼」と「炊き込みごはん」

丼物

[この本の使い方]

- レシピの重量は、正味重量(皮や骨、殻、芯《しん》)などを除いた口に入る量)です。
- 1カップ＝200ml、
大さじ1＝15ml、
小さじ1＝5ml、
ミニスプーン＝1mlです。
- フライパンはフッ素樹脂加工のものを使用しました。
- 電子レンジは600Wのものを使用しました。お使いの電子レンジのW数がこれより小さい場合は加熱時間を長めに、大きい場合は短めにして、様子を見ながら加減してください。
- 塩は小さじ1＝5gの塩を使用しました。
- 「だし」は、こんぶとカツオ節でとったものです。市販のだしのもとを使ってもかまいません。
- 「小麦粉」は薄力小麦粉を使っています。
- 保存期間はあくまでも目安です。
- 保存容器やラップ、冷凍用保存袋は清潔なものを使ってください。

かむのむ POINT

かむのむPOINTについて

親が食事をする際に「かみにくい」「ときどきむせる」などの様子が見られる場合に参考にしてください。料理ごとに必要に応じて、より食べやすくするためのアドバイスを紹介しています。なお、症状が軽い方※が対象ですので、より症状が重い場合は、嚥下《えんげ》障害について医師の診察を受けることをおすすめします。

※かむ、飲み込む機能が低下しているものの、まだ嚥下障害と診断される程度ではない、症状の軽い方(『日本摂食・嚥下リハビリテーション学会嚥下調整食分類2013』の基準未満の方)。

こんなに便利！冷凍の親ごはん

1

家族の食事のついでに作って冷凍すればラク！

「今日は作りおきの日」と決められるのであれば、それもよいのですが、むずかしい場合は、ついでに作るのがラク。毎日の食事作りの中で、親の分のおかずや、食材をとり分けて、冷凍しておきます。

2

食材も冷凍しておけば、親が下ごしらえしなくてよい

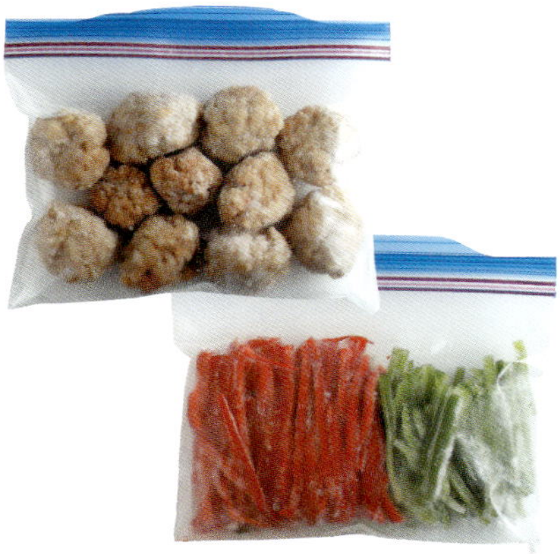

親もじつは料理がしたいと思っていたり、まだまだできる場合もあります。とはいえ、切ったり、下味をつけたり……といった下ごしらえはめんどうなもの。親が食べやすく、使いやすいように下ごしらえしておきましょう。親はもちろん、時間のないヘルパーさんにも活用してもらえます。

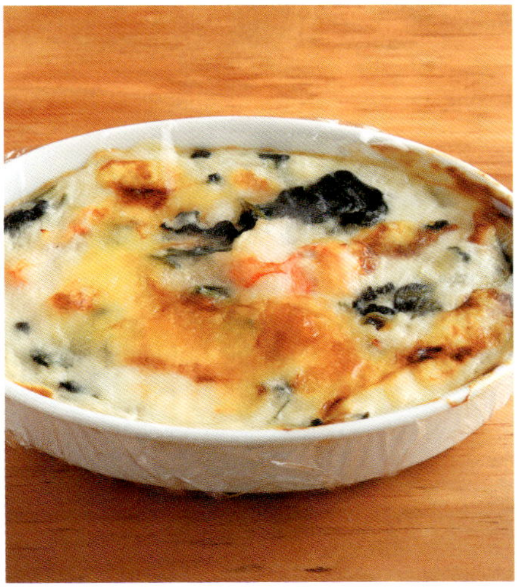

3

冷凍でもおいしく、食べやすい食材と料理を紹介！

本書のレシピは、親世代が食べやすい食感や味わいをくふうしています。食材の冷凍方法もおかずのレシピも、実際に冷凍、解凍してもおいしく食べられるよう、試行錯誤の中で生まれた厳選レシピを集めました。さらに、親が「噛《か》みにくい」、「ときどきむせる」様子が見られる場合に、より食べやすくするためのポイントも紹介します。

4

冷凍だから、親もゆっくり気軽に使いやすい

食材も料理も冷凍すれば2～3週間保存可能です。作り手が1週間くらいで作りだめして届ければ、1～2週間以内で食べきればだいじょうぶです。冷蔵だと3～4日間、長くても1週間ほどしか保存できないことに比べれば、冷凍は保存期間が長い分、親も焦せらずにゆっくり食べることができます。

親の状況に合わせやすい 2つのタイプの 冷凍

親やヘルパーさんが手軽に調理できる

冷凍の「下ごしらえ済み食材」「おかずのもと」→1章

切ったり、下味をつけたりして冷凍した肉や魚、野菜やおかずのもとをお届け。親は、焼いたり煮たりして、好みに味つけするだけで一品が完成。調理時間は15分以内とすぐできるのがうれしい。

届ける食材

＋

親の家にある調味料など

→

鶏肉の南蛮漬け ▶ P.38

親がレンジで温めるだけ

冷凍の「おかず」「丼物」「炊き込みごはん」など→2章、3章

冷凍してある主菜や副菜などのおかず、丼物や炊き込みごはんなど、親が電子レンジで解凍加熱すれば、すぐに食べることができます。

届けるおかず

→

にらギョーザ ▶ P.70

届ける丼物

→

三色丼 ▶ P.98

おいしさを保つ！

冷凍保存のコツ

この本では、親に食材やおかずを冷凍して届けます。おいしく冷凍する方法を紹介します。

1　食材は新鮮なうちに、おかずは作りたてを冷凍

食材

肉や魚、野菜などの生鮮食品は、日がたつほどに鮮度が落ちます。冷凍する場合でも、新鮮なものほど、解凍後においしく食べることができます。新鮮なものを選び、買ったら早く冷凍しましょう。

おかず

ほとんどの料理の食べごろは作りたてのとき。冷蔵庫に入れておくと、雑菌が繁殖しやすくなり、おいしさもそこなわれます。料理ができ上がってあら熱がとれたらすぐに冷凍します。

2　食材は余分な水けをふきとり、おかずはさましてから冷凍

食材

余分な水けが残っていると、霜がついて味が落ちます。肉や魚は臭みが出ることもあるので、キッチンペーパーで水けをふきます。下ゆでした野菜は水けをふきとったり、絞ったりしましょう。

おかず

熱いうちに保存容器に入れてふたをしたり、ラップで包んだりすると、蒸気がこもって雑菌を繁殖させる原因になります。あら熱がとれるまでさましてから冷凍します。

3　肉や野菜は100gずつ、おかずは1人分ずつ冷凍する

食材

肉や野菜はだいたい100gずつ冷凍しておくと、便利です。魚は1切れ1食分を目安にします。料理によって使う量は異なりますが、あまりに小分けにするとかえってめんどうで長続きしません。「肉や野菜は100g分入っているよ」と親に伝えておくと、わかりやすいでしょう。

おかず

1人分ずつ冷凍します。親が一度に食べ切れる量ずつ容器に入れるかラップに包むようにしましょう。なお、解凍・加熱することを考え、容器に入れる、ラップで包むときは、なるべく薄く平たくしましょう。そのほうが加熱時間が短くてすみます。

容器は電子レンジ対応か確認して！

4 食材は空気に触れないようにする

食材は空気に触れると、霜がつきやすくなります。また、肉や魚などの脂は、酸化すると味が落ちてしまいます。食材やおかずをラップで包む場合は、すき間がないように空気を抜いてぴっちりと包みます。食材を冷凍用保存袋に入れる場合は、手で空気を押し出してから、口をしっかり閉じます。ラップでも保存袋でも、薄く平らにのばしましょう。ラップで包んだものは、空気との接触や乾燥を防ぐためにさらに保存袋に入れましょう。

5 食材もおかずも、冷凍した日付や内容などを記入する

食材にもおかずにも、かならず冷凍した日付と内容を書きます。内容は、料理であれば料理名を、食材であれば食材名と状態（生、ゆで、味つきなど）を記入します。おかずは電子レンジでの加熱時間も書きます。

冷凍後はマーカーで文字を書きづらく、マスキングテープやラベルを貼《は》ってもはがれやすいので、冷凍前に行ないましょう。

6 金属製のバットにのせて急速冷凍

おいしく冷凍するためにたいせつなのが、できるだけ早く凍らせること。冷凍に時間がかかると、食品中の氷の結晶が大きくなり、細胞膜を破壊します。解凍すると、ドリップが流れ出てパサパサになったり、うま味成分が流出してしまいます。そこで、熱伝導率のよい金属製のバットを活用します。食材やおかずを金属製のバットやトレーにのせて、冷凍庫に入れるとより短時間で冷凍することができます。

7 冷凍庫の温度を一定に保つ

冷凍庫の庫内は、じつは湿度が低く、乾燥しています。庫内の温度が上昇すると乾燥しやすくなり、これが冷凍食材や冷凍おかずの劣化の原因となります。扉のあけしめによって庫内の温度が上がってしまうので、開閉時間はできるだけ短めに。

冷凍庫に親ごはんスペースを作っておくのがおすすめ！

あらかじめ、冷凍庫に大きなタッパーウェア、または仕切りなどを使って、親ごはんの冷凍スペースを確保します。とり分けた冷凍素材やおかずは、このスペースにかならず入れるようにします。たまったらお届けを！　親の冷凍庫にも同じようなスペースを作っておくと、冷凍庫の中で探さずにすみ、食べ忘れを防ぐこともできます。

失敗しない！ 解凍のコツ

お届けした冷凍のおかずは、親が解凍して食べます。じょうずに解凍するためのコツを紹介します。

おかずは電子レンジで解凍・加熱する

2章のおかず、3章の丼物、炊き込みごはんは、電子レンジで一気に解凍・温めまで行ないましょう。冷蔵庫や室温で自然解凍すると時間がかかるため、親世代が解凍していることを忘れてしまい、おかずがいたんでしまう可能性もあります。

電子レンジのコツは、短めに加熱すること

電子レンジで過度に加熱すると、かたくなってしまいます。適度に加熱するために、加熱時間は短めに設定するのがおすすめです。この本では600Wの電子レンジを使用していますが、機種によって加熱時間に多少差があるので、様子を見て加減してください。また、電子レンジ加熱は、どうしても加熱むらが生じるもの。おかずを、途中で返したり、混ぜたりするとよいでしょう。

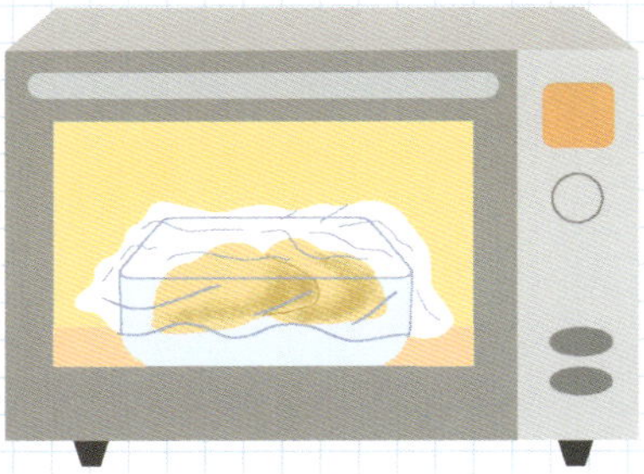

●保存容器の場合

電子レンジ対応容器でも、ふたは電子レンジ不可のものが多いので、ふたははずしてラップをかけましょう。ぴっちりとかけると、はずすときに一気に蒸気が上がり、危ないので、ふんわりとかけます。

●ラップで包んである場合

ラップごと電子レンジで加熱しますが、そのままだとレンジからとり出しにくいので、耐熱の器にのせると安全です。冷凍のまま耐熱の器に移し、ラップをふんわりとかけて加熱するのでもよいですね。

これを用意！ 冷凍保存用アイテム

ラップ

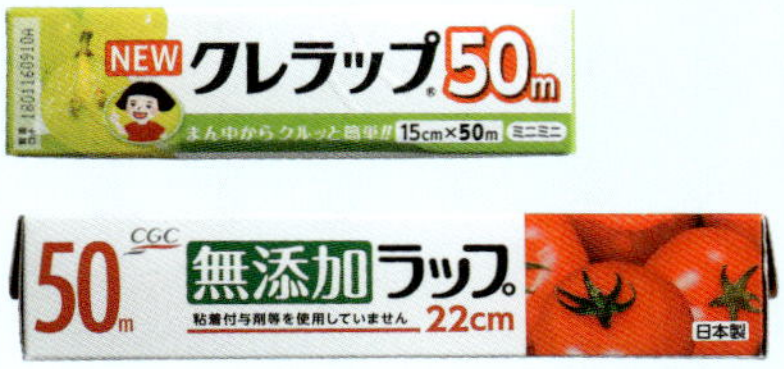

食材やおかずをぴっちり包んだり、金属製のバットに敷いたりと、冷凍に欠かせません。冷凍から電子レンジ解凍まで使えるように、耐冷・耐熱温度を確認して買いましょう。

金属製のバット

より素早く冷凍するために欠かせないのが金属製のバットやトレー。熱伝導率のよいステンレスやアルミのものを選びましょう。なければ、お菓子の缶のふたでも。

マスキングテープ、ラベルシール、油性ペン

冷凍する日付や内容（料理名、食材名など）を記入するのに必要なアイテム。保存袋には直接書けますが、保存容器にはマスキングテープやラベルシールを貼《は》るのが便利。冷凍には耐水性のラベルシールを、ペンは油性タイプを選びましょう。

冷凍用の保存袋

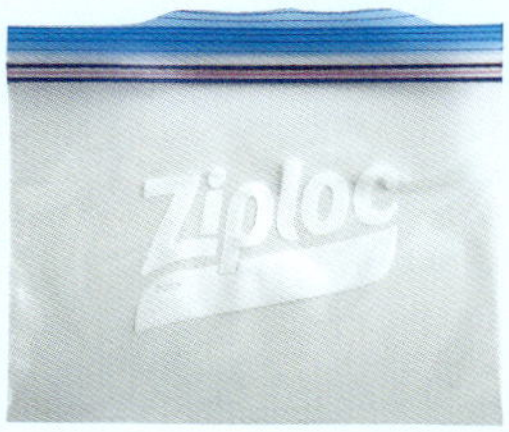

冷凍から電子レンジ加熱まで使える保存袋。密閉性が高いので、食材を乾燥や酸化から守ります。冷凍臭の心配も防げます。液体も保存できますが、親世代には扱いづらいので、汁物やソースなどは電子レンジ対応容器に入れて。また、保存袋には冷蔵用もありますが、必ず冷凍用を選びましょう。

電子レンジ対応の保存容器

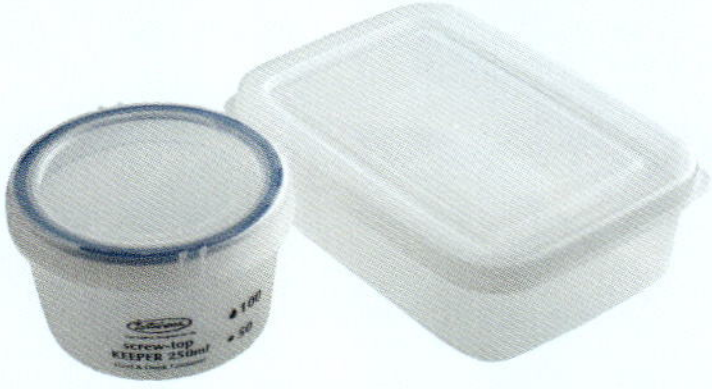

冷凍保存と電子レンジ解凍が可能なタイプを選びましょう。大きさや形はさまざまですが、できるだけ同じ規格でそろえると収納しやすくなります。なお、おかずは四角い形で浅いものが、汁物は丸い形が使いやすくおすすめです。真空などで密閉にするタイプは、親世代には開け閉めがわかりづらいので避けて。

容器はプラスチック製がおすすめ！

この本では、親世代が電子レンジでより安全に解凍・加熱できるように、タッパーウェアなどのしっかりしたタイプを使用しています。材質は、軽いのでプラスチックが便利。透明、または半透明で、中身が見やすいものがおすすめです。

100円均一ショップなどでも、さまざまな大きさの保存容器が売られているので、ぜひ活用してみてください。

使い捨ての容器はやわらかい素材が多いため、温まったあとは持ち運びしづらいので、気をつけましょう。

＼冷凍状態を保つ！／

持ち運びのコツ

冷凍素材のおいしさを保つ、持ち運びの方法を紹介します。

1 必須アイテム

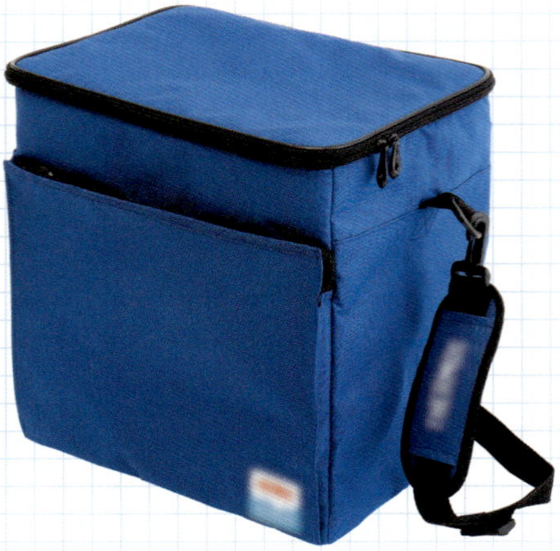

保冷バッグ

複数の断熱効果のある素材を組み合わせたものが、より保冷力に優れていておすすめです。アルミ素材のシートがむき出しのものや、アルミ素材を貼《は》りつけた内生地と、ナイロンなどの外生地を縫い合わせただけのものもありますが、じつはあまり断熱効果が高くありません。もしそのようなバッグを使う場合は、保冷剤を多く入れるようにしましょう。

保冷剤

保冷バッグの中でできるだけ、冷凍状態を維持するために欠かせない。

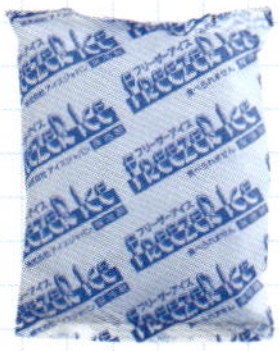

2 保冷バッグの使い方

容器は重ねて、保存袋は立てて

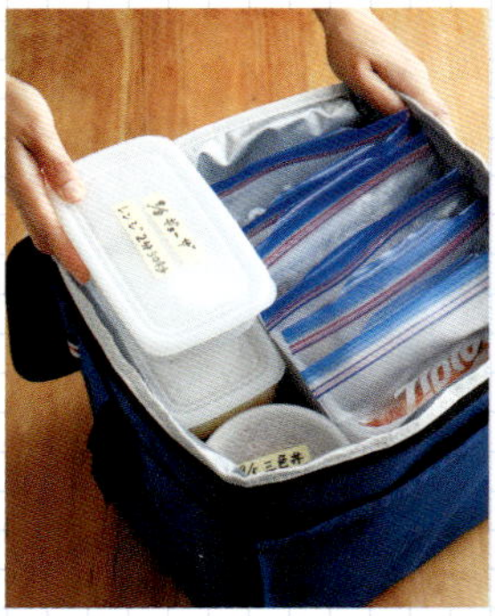

保存容器は重ねて入れ、保存袋は容器やパックなどに立てて入れると収納しやすいのでおすすめです。保冷バッグの大きさは入れるものに対してぴったりすぎるよりも、少しゆとりがあるくらいがよいでしょう。

保冷剤は、上にのせて

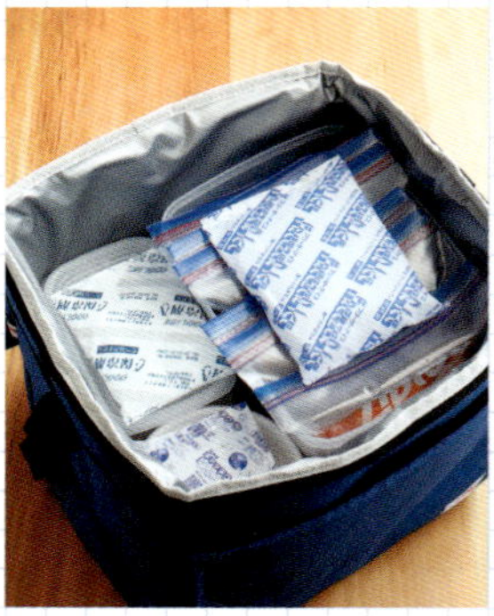

冷たい空気は上から下に向かうので、保冷剤は食材やおかずの上に入れます。側面にすき間があれば、側面にも入れましょう。

※保冷剤はふたに収納用のポケットがある場合は、その中に。なければ直接、上にのせる。

【宅配の場合】

- 遠方の親に宅配便で送る場合は、冷凍便(クール便)で送ります。
- 送るときは、段ボール箱に詰めましょう。宅配業者は高性能な冷凍庫で集荷・宅配してくれるので、冷却効果を遮断する保冷バッグや保冷箱はやめましょう。
- 冷凍庫で半日以上しっかり冷凍してから、宅配業者を依頼します。集荷に来てもらったら、素早く箱に詰められるように準備しておきます。

＊事前に冷凍便について宅配業者に確認してから利用しましょう。

冷凍・解凍Q&A

Q どんな電子レンジがよいでしょうか？

A お家にある電子レンジでもちろんかまいません。最近ではスチーム付きや温め機能付きの多機能の電子レンジが多く出ていますが、親世代には使いこなせない可能性も。加熱機能だけのシンプルなタイプがおすすめです。また、親子で同じ機種を使えば、電話で説明しやすいので、そのような選択もよいかもしれません。

Q 電子レンジ以外で解凍するのはダメですか？

A 冷蔵庫に入れて解凍するのは、半日～1日時間がかかりますが、比較的失敗がなく、肉や魚のドリップが少ないという利点があります。ですが、「今すぐ食べたい！」ときには不向きであるのと、親が冷蔵庫に入れたまま忘れてしまう可能性があるので、この本ではおすすめしていません。なお、もしおかずを冷蔵庫で解凍した場合は、解凍後に電子レンジで温めてから食べましょう。

Q 冷凍に向かない食材は？

A 水分が多い食材（レタス、きゅうりなど）と繊維質の食材（竹の子や山菜、かまぼこなど）は解凍したときに、筋っぽくなったり、べちゃっとなるので、冷凍に向きません。ほかにも、こんにゃくやプリンなども元の食感に戻らないので冷凍は避けましょう。

Q 冷凍やけはどうして起こるの？

A 冷凍したら、表面の色があせ、嫌なにおいがつき、パサついていたことはありませんか？
　食品に含まれるたんぱく質や脂質が酸化し、変質する「冷凍やけ」で、食品に空気が触れるのが原因です。これを防ぐためには、食品が空気に触れないように冷凍しましょう。

Q 再冷凍はしてもよいですか？

A 一度、解凍したものを食べ切れなかった、使い切れなかったからといって、再冷凍するのはやめましょう。一度解凍すると、食材の水分やうま味が出て味が落ちます。また、空気に触れて雑菌が繁殖しやすい状態になっているので、衛生的にもよくありません。解凍するときは、保存袋から使う分だけをとり出しましょう。そのためにも、とり出しやすさも考えて冷凍しておくこともたいせつです。

「冷凍」でパパっと！

バランス献立

栄養のバランスがよい献立のポイントは、
ごはん、めん類などの「主食」、肉、魚、卵、大豆製品などを使った「主菜」、
野菜、芋類、海藻などを使った「副菜」をそろえること。
本書の冷凍食材やおかずで、手軽にできる献立の組み合わせ例を紹介します。

一汁二菜の献立

温めた白いごはんに、肉や魚のおかず（主菜）、野菜のおかず（副菜）、具だくさんの汁物を合わせた基本の献立です。汁物があると、やはりほっとします。

副菜

三色きんぴら
▶P.84

主菜

サケの幽庵焼き
▶P.47

主食

ごはん
▶P.32

汁物

なすとわかめのみそ汁
▶P.58

⇓

食べ方

1章の冷凍食材を使って「サケの幽庵焼き」と「なすとわかめのみそ汁」を作りましょう。調理している間に、2章の冷凍おかずから「三色きんぴら」と、「ごはん」を温めます。

献立1人分
682kcal
塩分**2.5**g

おかず2品の献立

ごはんと二菜（主菜・副菜）だけでも、栄養バランスは充分ととのいます。

主食

さつま芋ごはん
▶P.109

副菜

もずく、わかめときゅうりの酢の物
▶P.53

主菜

中華風チキンロール
▶P.66

⇓

食べ方

1章の冷凍食材を使って「もずく、わかめときゅうりの酢の物」を作りましょう。調理している間に、2章の冷凍おかずから「中華風チキンロール」を、3章の「さつま芋ごはん」を温めます。

献立1人分
511kcal
塩分**3.0**g

丼物の献立

たんぱく質源や野菜が具の丼物は、それ一品でもOK。野菜の副菜か汁物を合わせれば、さらに充実します。

汁物

れんこんのすり流し

▶P.90

主食　主菜　副菜

三色丼

▶P.98

⇓

食べ方

2章の「れんこんのすり流し」と3章の「三色丼」を温めます。

献立1人分
541kcal
塩分**3.0**g

小菅さんの体験から　**コラム1**

母が料理する楽しさをとり戻した「冷凍食材」

実母は、父が亡くなってからの数年間、ひとりでのんびりと暮らしていました。もともと料理をすることも食べることも大好きな母は、梅干しなども私たちの分まで作っていました。

料理を作るのが好きだった母が、年を重ね、体力や筋力が少しずつ低下してくるに伴い、思うように作れなくなりました。そのころ、冷蔵庫にはいたみかけた野菜や、賞味期限が切れた肉や魚が入っていることも……。ときどき私が訪れて冷蔵庫の整理をしていると、母は料理をする意欲はあるのですが、野菜などの下ごしらえがおっくうになり、料理までたどり着かないということに気づきました。

そこで、「母がひとりでも作れるように」と、私は家でだしをとったり、野菜を切ったりゆでたりして冷凍したものを届けることにしました。

私が下ごしらえして冷凍して届け、母がそれを使って作る。別々の世帯にいながら、いっしょに調理している気分を少し味わうことができたのも、私にとっては貴重なことでした。母も、料理を作ることは、たいせつな生き甲斐の一つだったので喜んでくれました。

さらに「母が好きな味の料理を食べられるように」、おかずや炊き込みごはんなどを作って冷凍して届けていました。不足しがちなたんぱく質源や野菜がとれるように、主菜にも野菜を入れたり、副菜にはたんぱく質を入れたりと、くふうしました。

母には、電子レンジの解凍の方法をいっしょにやりながら教えたことで、母が楽しんで食べてくれるようになりました。

すべて手作りにこだわると、息切れしてしまいますよね。私は市販品も活用していました。母が好きなおすしは冷凍できないので買って行き、いっしょに食べました。いなりずしなどは母の家に行くときにお店に立ち寄って購入し、母の家で小分けにして冷凍しておきました。食材は、親の近所のスーパーで購入し、いっしょに下ごしらえして冷凍するのも一つの手です。

親も自分も負担なく続けられる方法は違うかもしれません。ぜひ自分が楽しくできる方法を見つけてみてください。

1章

親がラクラク料理できる！

「下ごしらえ済み冷凍食材」と「活用レシピ」

高齢になると、細かい作業がおっくうになってきます。
そこで、食材を下ごしらえして、冷凍して届けましょう。
そのまま使えるので、親は焼く、煮るだけ！
不足しがちなたんぱく質源や、野菜、海藻などが
自然ととれるようになります。
簡単な活用レシピも紹介します。

食材を冷凍して届ける！
食材別 冷凍保存のコツ

親世代が食べやすく、使いやすい食材を選びました。切り方や下味などを少しくふうすることでよりおいしくやわらかくなります。家のごはんのついでに食材を冷凍すると続けやすいですよ。

［肉なら］

●下味をつけ、かたくり粉をまぶして冷凍

肉はそのまま冷凍してもかまいませんが、下味をつけてかたくり粉をまぶすことで、加熱調理後の食感がやわらかくなります。

STEP1 肉を下ごしらえする

食べやすい大きさに切っておきます。肉は水けをふいてから下味をつけます。下味をつけることで、食材のいたみや乾燥を防ぎます。

POINT 肉は余分な水けが残っていると、臭みが出たり、霜がついて味が落ちたりする原因になります。キッチンペーパーなどで水けをしっかりふきましょう。

↓

STEP2 バットにのせて冷凍

このひと手間で、親が楽に調理できます。

肉を、ラップを敷いた金属製のバットに重ならないように広げて、空気が入らないようにラップをぴっちりとかけて冷凍します。肉が薄く平たい状態だと、凍ったままでも包丁で切れるうえ、調理時間も短くてすみます。

POINT この状態で長く冷凍すると、乾燥や酸化が進み味が落ちる原因となるので、凍ったらすみやかに保存袋に入れましょう。

↓

STEP3 かたくり粉をまぶす

冷凍後にかたくり粉をまぶすと、肉同士がくっつかないうえ、調理したときに適度なとろみがつき、食べやすく仕上がります。かたくり粉を加え、保存袋ごと振ってまぶします。

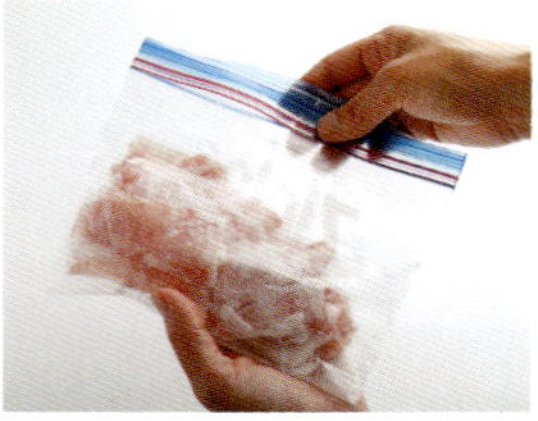

↓

STEP4 密閉して冷凍

冷凍の基本は空気に触れさせないことです。空気をしっかり抜き、冷凍用保存袋の口をとじましょう。

●肉団子にして冷凍

ひき肉ともめん豆腐を合わせることで、やわらかく仕上げた肉団子です。揚げずに、ゆでて冷凍することもできます。
＊肉団子（1個あたり） 58kcal 塩分0.1g

肉団子

保存期間 冷凍で約2週間

材料（作りやすい分量・20個分）

豚ひき肉…300g
もめん豆腐…100g
a 卵…1個
a 酒…大さじ1
a 塩…ミニスプーン1/2（0.5g）
揚げ油…適量

作り方

1. ボールにひき肉、**a**を入れてよく混ぜ合わせる。豆腐をくずして加え、混ぜる。
2. 20等分して丸める（1個あたり大さじ1くらいの大きさ）。
3. 180度の揚げ油に**2**を入れて5～6分揚げる。油をきってさます。
4. ラップを敷いた金属製のバットに離してのせ、ラップをかけて冷凍する。1時間ほどたったら、冷凍用保存袋に移し入れ、かたくり粉大さじ2（分量外）を加え、袋ごと振ってまぶし、冷凍する。

POINT

ひき肉は味つけし、ポロポロになるまでいためてそぼろにして冷凍するのもおすすめです。

豚肉

保存期間 冷凍で約2週間

豚ロース しゃぶしゃぶ用肉

豚バラ 薄切り肉

豚肉100gを長さ6～7cmに切り、酒小さじ2をふる。ラップを敷いた金属製のバットに重ならないように広げ、ラップをかけて冷凍する。1時間ほどたったら、冷凍用保存袋に移し入れ、かたくり粉小さじ1を加え、袋ごと振ってまぶし、冷凍する。

鶏肉

保存期間 冷凍で約2週間

鶏胸肉1枚（280g）をそぎ切りにし、酒小さじ2をふる。ラップを敷いた金属製のバットに重ならないようにのせ、ラップをかけて冷凍する。1時間ほどたったら、冷凍用保存袋2袋に半量ずつ入れ、1袋あたりにかたくり粉小さじ1を加える。袋ごと振ってまぶし、冷凍する。

牛肉

保存期間 冷凍で約2週間

牛もも薄切り肉100gを幅1cmに切り、塩1gと酒小さじ1をふる。ラップを敷いた金属製のバットに重ならないように広げ、ラップをかけて冷凍する。1時間ほどたったら、冷凍用保存袋に移し入れ、かたくり粉小さじ1を加え、袋ごと振ってまぶし、冷凍する。

●野菜といっしょに冷凍

味つけ魚＆カット野菜でラクラク調理。

サケ　ちゃんちゃん焼き用

保存期間
冷凍で3〜4週間

材料（4回分）

サケ…4切れ（1切れ100g）

a［ 白みそ…80g
　　卵黄…1個分

玉ねぎの薄切り…1個（200g）

しめじ類…200g

にんにくの薄切り…2かけ（10g）

バター…20g

作り方

1. **a**を混ぜ合わせる。1切れにつき**a**の1/4量を、サケに均一に塗る。残りも同様に塗る。
2. しめじ類は石づきをとって小房に分ける。
3. ラップを広げて玉ねぎ、にんにく各1/4量を敷き、その上に**1**のサケとしめじ、バター各1/4量を順にのせる。ラップに包み、金属製のバットにのせて冷凍する。1時間ほどたったら、冷凍用保存袋に入れて冷凍する。

●切って冷凍

はんぺん

保存期間
冷凍で約3週間

1枚（80g）を1.5cm角に切り、冷凍用保存袋にバラバラに入れ、袋ごと金属製のバットにのせて冷凍。

［魚介・加工品なら］

●下味をつけて冷凍

魚介はそのまま冷凍するより下味をつけることで、加熱調理後の生臭さが弱まります。

POINT

魚介は余分な水けが残っていると、臭みが出たり、霜がついて味が落ちたりする原因になります。キッチンペーパーなどで水けをしっかりふきましょう。

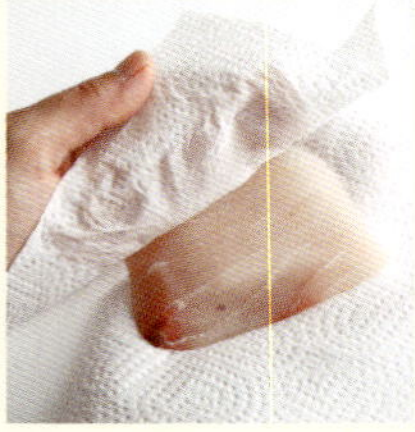

カジキマグロ　保存期間　冷凍で約2週間

カジキマグロ1切れ（100g）を2〜3つに切り、塩0.5g、酒小さじ1を軽くふる。冷凍用保存袋に入れて冷凍する。1時間ほどたったら、かたくり粉適量を入れて袋ごと振ってまぶし、金属製のバットにのせて冷凍する。

エビ　保存期間　冷凍で約2週間

エビ10尾（150g）は、殻をむいて背わたをとる。かたくり粉、塩各適量をまぶして水洗いし、これを2回くり返す。酒小さじ1をふり、冷凍用保存袋に平らに入れ、袋ごと金属製のバットにのせて冷凍する。

ブリ　香味焼き用

保存期間 冷凍で3〜4週間

材料（4回分）

ブリ…4切れ（1切れ100g）

塩…ミニスプーン2（2g）

香味だれ

- しょうがのすりおろし…大さじ1
- にんにくのすりおろし…小さじ1（3g）
- しょうゆ…大さじ2
- すり白ごま…大さじ2
- 砂糖…大さじ1

花椒《ほわじゃお》…（好みで）適量

作り方

1 ブリに塩をふり、1時間くらいおいて水分をキッチンペーパーでふく。広げたラップに1切れずつのせる。

2 香味だれの材料をよく混ぜ合わせ、**1**のブリに均一に塗り、好みで花椒を軽くつぶしたものをふってラップで包む。冷凍用保存袋に入れ、袋ごと金属製のバットにのせて冷凍する。

●味つけして冷凍

冷凍中に味がなじんでおいしく仕上がります。

サケ　幽庵焼き用

保存期間 冷凍で3〜4週間

材料（4回分）

サケ…4切れ（1切れ100g）

塩…ミニスプーン2（2g）

幽庵だれ

- みりん…大さじ3
- 酒・しょうゆ…各大さじ2

すだち、ゆず、かぼすなどの薄切り…8枚

作り方

1 サケに塩をふり、1時間くらいおいて水分をキッチンペーパーでふく。2切れに切る。

2 耐熱ボールに幽庵だれの材料を入れて加熱し、あら熱をとる。

3 冷凍用保存袋に**1**のサケ2切れ、すだち1/4量、幽庵だれ1/4量を入れ、一晩（6時間以上）漬け込む。袋ごと金属製のバットにのせて冷凍する。

サワラ　西京漬け焼き用

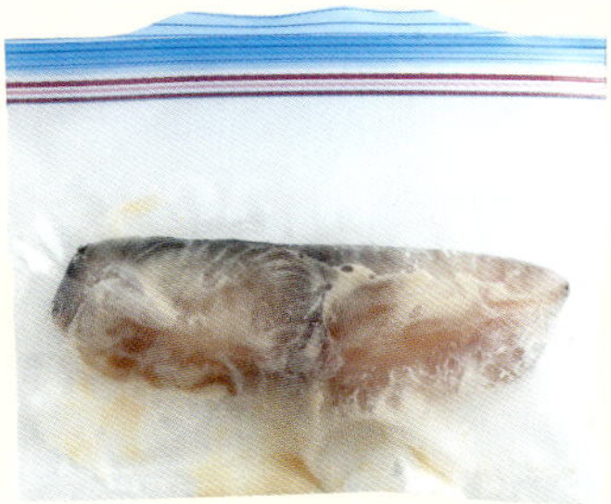

保存期間 冷凍で3〜4週間

材料（4回分）

サワラ（切り身）
…4切れ分（1切れ100g）

塩…ミニスプーン2（2g）

西京だれ

- 西京みそ…200g
- 酒…大さじ2
- みりん…大さじ1

作り方

1 サワラに塩をふり、1時間くらいおいて水分をキッチンペーパーでふく。

2 西京みそに酒、みりんを加えてよく混ぜ、密閉容器に半量入れ、その上にガーゼを敷き、**1**のサワラをのせてガーゼをかぶせ、残りのみそを上に均一にのせる。冷蔵庫で1〜2日おく。

3 冷凍用保存袋に1切れずつ入れ、袋ごと金属製のバットにのせて冷凍する。

長ねぎ・葉ねぎ

保存期間 冷凍で約3週間

長ねぎ1本（100g）の緑色の部分を幅2～3cmの斜め切りにする。冷凍用保存袋にバラバラにして入れて金属製のバットにのせ、冷凍する。

しょうが

保存期間 冷凍で約3週間

しょうが1かけ（15g）は半量をせん切りにし、残りをみじん切りにする。それぞれ大さじ1/2（2～3g）ずつラップに5個ずつ包む。冷凍用保存袋にいっしょに入れて金属製のバットにのせ、冷凍する。
※すりおろして、小さじ1（4g）ずつラップに包むのもおすすめ。

＼あるとうれしい！／

ゆずの皮

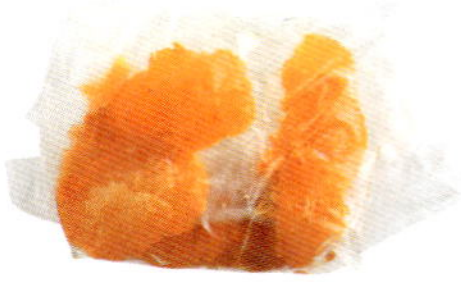

保存期間
冷凍で3週間

ゆず1個の皮をむき、ラップに包む。冷凍用保存袋に入れて金属製のバットにのせ、冷凍する。

POINT

旬を感じさせてくれるゆずは皮を冷凍しておくと便利。お吸い物の吸い口にすると、香りがふわっと広がり、心を豊かにしてくれます。

［野菜なら］

●切って生のまま冷凍

ピーマン

保存期間 冷凍で約3週間

ピーマン2個（緑、赤各40g）を横か、または縦に細切りにし、冷凍用保存袋に入れて金属製のバットにのせ、冷凍する。
※赤ピーマンも使うと、料理が色鮮やかに仕上がるので、好みで選んでも。

かむのむ POINT

細切りにするときに、横に切ると繊維を断ち切ることができるので、より食べやすくなります。特に噛《か》む力が落ちている親には、切ってからゆでて水けをきって冷凍しましょう。

大根

保存期間 冷凍で約3週間

大根1/3本（300g）をすりおろし、軽く水けをきる（正味150g）。ラップに25g、50gをのせて2個ずつ包む。冷凍用保存袋に入れて金属製のバットにのせ、冷凍する。

かぼちゃ

保存期間 冷凍で約3週間

かぼちゃ1/10個(100g)は蒸すか、または電子レンジ(600W)で3分加熱し、厚さ5mmに切る。ラップを敷いた金属製のバットにのせ、ラップをかけて冷凍する。1時間ほどたったら、冷凍用保存袋に移し入れて冷凍する。

アスパラガス

保存期間 冷凍で約3週間

グリーンアスパラガス6〜7本(100g)は半分の長さに切り、ゆでる。ラップを敷いた金属製のバットにのせ、ラップをかけて冷凍する。1時間ほどたったら、冷凍用保存袋に移し入れて冷凍する。

さやいんげん

保存期間 冷凍で約3週間

さやいんげん12本(100g)をゆでて、太いものは縦に手で割って長さ4cmに切る。ラップを敷いた金属製のバットにのせ、ラップをかけて冷凍する。1時間ほどたったら、冷凍用保存袋に移し入れて冷凍する。

●加熱して冷凍

野菜は加熱をすると、食感や鮮やかさ、栄養を維持できるうえ、親の加熱時間の短縮になります。

STEP1 野菜をしっかりさます

ゆでる、蒸すなど加熱した野菜は、完全にさましてから冷凍します。

↓

STEP2 野菜の水けをふきとる

余分な水けが残っていると、霜がついて味が落ちたり、食材同士がくっついて調理しづらくなります。下ゆでした野菜は水けをしっかりふいたり、絞りましょう。

↓

STEP3 バットにのせて冷凍してから保存袋へ

このひと手間で、親が楽に調理できます。

野菜を、ラップを敷いた金属製のバットに重ならないように広げて、空気が入らないようにラップをぴっちりとかけて冷凍します。

POINT この状態で長時間放置すると、乾燥や酸化が進み味が落ちる原因となるので、忘れずに保存袋に入れましょう。

バットにのせて冷凍したら、冷凍用保存袋に移し、口をしっかりとじて冷凍します。

これでもOK 保存袋に入れてなるべく離して冷凍

より手軽に行ないたいときは、冷凍用保存袋に直接入れて冷凍してもOK。保存袋にたくさん入れずに間隔をあけるのがポイント。

小松菜

保存期間　冷凍で約3週間

小松菜100gはゆでて3〜4cmに切る。ラップを敷いた金属製のバットにのせ、ラップをかけて冷凍する。1時間ほどたったら、冷凍用保存袋に移し入れて冷凍する。

ほうれん草

保存期間　冷凍で約3週間

ほうれん草100gはゆでて長さ3〜4cmに切る。ラップを敷いた金属製のバットにのせ、ラップをかけて冷凍する。1時間ほどたったら、冷凍用保存袋に移し入れて冷凍する。

かむのむ POINT

やわらかい葉先だけにするとよりやわらかく、噛《か》みやすくなります。

野菜は100gずつ冷凍しておくと便利

食材を冷凍用保存袋に入れて冷凍するときは、およそ100gを目安に冷凍すると便利です。料理によって使う量が異なりますが、細かく分けて冷凍するとめんどうで長続きしません。目安となる量＝100gとすると覚えやすいです。

なす

保存期間　冷凍で約3週間

なす2本（160g）を1本ずつラップで包み、電子レンジ（600W）で2分加熱する。1本を縦4等分に切ってから半分の長さに切る。ラップを敷いた金属製のバットにのせ、ラップをかけて冷凍する。1時間ほどたったら、冷凍用保存袋に移し入れて冷凍する。

にんじん

保存期間　冷凍で約3週間

にんじん1本（150g）を厚さ3mm、4×1.5cmの短冊切りにし、ゆでる。冷凍用保存袋にバラバラに入れて金属製のバットにのせ、冷凍する。

ブロッコリー

保存期間　冷凍で約3週間

ブロッコリー1/2個（100g）を小房に分けてゆで、水けをよくふきとる。ラップを敷いた金属製のバットにのせ、ラップをかけて冷凍する。1時間ほどたったら、冷凍用保存袋に移し入れて冷凍する。

［大豆製品なら］

●そのまま冷凍

がんもどき

保存期間
冷凍で約3週間

小8個（120g）を冷凍用保存袋に入れる。金属製のバットにのせて冷凍する。

●切って冷凍

油揚げ

保存期間
冷凍で約3週間

油揚げ1枚（30g）を幅1cmに切る。ラップを敷いた金属製のバットに重ならないように並べ、ラップをかけて冷凍する。30分ほどたったら、冷凍用保存袋に移し入れて冷凍する。

［芋なら］

●ゆでて冷凍

里芋

保存期間
冷凍で約3週間

里芋2個（100g）を厚さ5mmに切り、ゆでる。ラップを敷いた金属製のバットにのせ、ラップをかけて冷凍する。1時間ほどたったら、冷凍用保存袋に移し入れて冷凍する。

［きのこなら］

●切って生のまま冷凍

しいたけ

保存期間 **冷凍で約3週間**

しいたけ10枚（100g）は石づきをとり、薄切りにする。冷凍用保存袋に平らにバラバラに入れて金属製のバットにのせ、冷凍する。

しめじ類

保存期間 **冷凍で約4週間**

しめじ類100gは石づきをとり、分ける。冷凍用保存袋に平らにバラバラに入れて金属製のバットにのせ、冷凍する。

かむのむ POINT

噛《か》む力が落ちている親には、きのこは噛みにくいので、細く刻み、調理の際にかたくり粉でとろみをつけるようにしましょう。冷凍するときに、肉（P.24参照）のようにかたくり粉をまぶしておくのもおすすめです。

ごはん・おかゆ・うどん

ごはん

保存期間 冷凍で約4週間

＊ごはん1人分（150g） 252kcal/塩分0g

●保存容器で冷凍

ごはん1人分（150g）は電子レンジ対応容器にふんわり詰める。熱いうちにふたをして、金属製のバットにのせて冷凍する。

【食べ方】容器のふたをとってラップをふんわりとかけ、電子レンジ（600W）で1分30秒ほど温め、器に盛る。

●ラップで包んで冷凍

ごはん1人分（150g）は熱いうちにラップに包む。冷凍用保存袋に入れ、金属製のバットにのせて冷凍する。

【食べ方】ごはんはラップに包んだまま、電子レンジ（600W）で1分30秒ほど温めて、器に盛る。

［海藻なら］

●そのまま冷凍

もずく

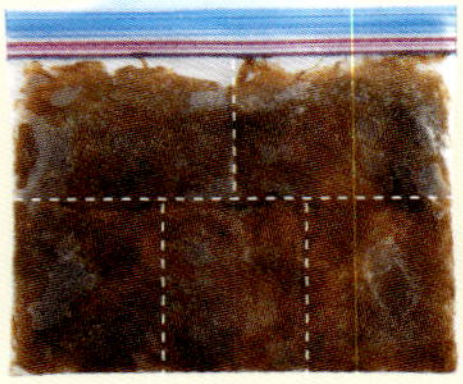

保存期間
冷凍で約3週間

もずく100gを冷凍用保存袋に薄く平らに入れ、金属製のバットにのせ、冷凍する。5等分に割る。

塩蔵わかめ

保存期間
冷凍で約3週間

塩蔵わかめ20gを水につけて塩出しをして水けをきり、2cm大に切る。10gずつまとめ、ラップを敷いた金属製のバットにのせ、ラップをかけて冷凍する。1時間ほどたったら、冷凍用保存袋に移し入れて冷凍する。

●もどして冷凍

ひじき

保存期間
冷凍で約3週間

乾燥ひじき10gを水でもどし、水けをよく切る。20gずつラップに平らに包み、冷凍用保存袋に入れ、平らに広げて金属製のバットにのせ、冷凍する。

かむのむ POINT

噛《か》む力が落ちている親には、もずく、わかめは細かく刻みましょう。もずくは自然なとろみでのど越しもよくなります。ひじきは細く短い芽ひじきを選んで食べやすく。長ひじきは、水でもどしたらあらく刻みましょう。

だし

●製氷皿で冷凍

保存期間
冷凍で約4週間

だし大さじ1ずつを製氷皿に注いで金属製のバットにのせ、冷凍する。2時間ほどたったら、冷凍用保存袋に移し入れて冷凍する。

●保存容器で冷凍

保存期間
冷凍で約4週間

だし3/4カップを電子レンジ対応容器に入れて金属製のバットにのせ、冷凍する。

【だしのとり方】

一番だし

材料ととり方（作りやすい分量・約1L）

1 なべにこんぶ5cm角2枚（10g）、水6カップを入れ、30分以上（できれば一晩）つける。
2 弱火にかけ、ゆっくり加熱する。沸騰直前になったら火を消して、こんぶをとり出す。
3 カツオ節30gを加え、再度弱火にかけ、1～2分したら火を消し、キッチンペーパーを敷《し》いたざるに流し入れて漉《こ》す。

二番だし

材料ととり方（作りやすい分量・約0.5L）

水3カップに一番だしで使ったこんぶとカツオ節を入れ、弱火にかける。5～6分たったら、味をみて、新しいカツオ節少量を足す。一番だし同様にキッチンペーパーで漉す。

おかゆ

保存期間 冷凍で約4週間

親の噛《か》む力や体調によって、おかゆを用意しておくとよいでしょう。やわらかさの加減はお好みで。
＊おかゆ1人分（150g）　107kcal/塩分0g

おかゆ1人分（150g）は電子レンジ対応容器に入れる。熱いうちにふたをして、金属製のバットにのせて冷凍する。

【食べ方】容器のふたをとってラップをふんわりとかけ、電子レンジ（600W）で1分30秒ほど温め、器に盛る。

【おかゆの作り方】

材料と作り方（作りやすい分量）

1 米1合（150g）は洗ってざるに上げる。
2 厚手のなべに米、水2と1/2カップに30分以上おく。
3 強火にかけ、沸騰したら弱火にして40分ほどことことと煮る。なべ底につかないように、途中しゃもじでから底からひと混ぜする。

うどん

保存期間 冷凍で約4週間

市販のゆでうどん1玉はシニア世代には量が多く、食べ切れないこともあるので、半量ずつ冷凍しておくと便利です。

ゆでうどん（市販）1玉（180g）は半分に切ってラップに包む。冷凍用保存袋に入れ、金属製のバットにのせて冷凍する。

※乾麺をゆでて、水けをきってラップに包んで冷凍しても。

かむのむ POINT

市販の冷凍うどんはコシが強いものが多いので、噛《か》む力が落ちている親には、ゆでうどんを冷凍するのがおすすめです。

料理のバリエーションが広がる！
おかずのもと・ソース

トマトソース、ホワイトソース、白あえのもとの3つの作り方を紹介します。これらがあれば、いろいろな料理が簡単に作れます。

1/2量
192kcal
塩分**0.7**g

トマトに玉ねぎの甘さ、ベーコンのうま味を加えて！

トマトソース

材料
（2回分・でき上がり量340g）

トマト水煮缶（カットタイプ）
…1缶（400ml）
玉ねぎ…1/2個（100g）
ベーコン…2枚（40g）
にんにく…1かけ（5g）
オリーブ油…小さじ2
パセリ…適量
a ［ローリエ…1枚
オレガノ…小さじ1/2
トマトケチャップ…大さじ1
こしょう…少量

作り方

1 玉ねぎ、にんにく、パセリはみじん切りにし、ベーコンは1cm幅に切る。

2 なべにオリーブ油、玉ねぎを入れて5分いためる。にんにくを加えて弱火で1分30秒いためる。

3 ベーコンを加えて中火で1分30秒いため、トマト缶、**a**を加え、ふたをせずに7～8分煮詰める。トマトケチャップ、こしょうを加えて調味する。

↓

1/2量（1回分・170g）ずつ電子レンジ対応容器に入れてふたをし、冷凍する。

保存期間 冷凍で約3週間

おすすめの活用法：パスタとあえる。焼いた肉や魚にかけてソースにする。

野菜とあえるだけで、白あえのでき上がり！

白あえのもと

材料（4回分・でき上がり量200g）

もめん豆腐…200g
白ごま…大さじ2

a
- 砂糖…大さじ1
- うす口しょうゆ…小さじ1
- 塩…小さじ1/2

作り方

1 豆腐を1～2分ゆで、厚手のキッチンペーパーを敷いたざるに上げ、水けをペーパーやふきんでかたく絞る。

2 ごまをよくいって香りを立たせ、すり鉢でする。**1**の豆腐を加えてすり混ぜ、**a**を加えて混ぜ合わせる。

↓

1/4量（1回分・50g）ずつ、ラップに包み、冷凍用保存袋に入れ、冷凍する。

保存期間 **冷凍で約3週間**

おすすめの活用法：ゆでた野菜やきのこをあえる。白あえのもとであえれば、飲み込みやすさもアップします。

いため玉ねぎの甘味が詰まったソース

ホワイトソース

材料（4回分・でき上がり量540g）

玉ねぎ（あらみじん切り）…1/2個分（100g）
オリーブ油…小さじ1
白ワイン…大さじ1
牛乳…2と1/2カップ
小麦粉…大さじ3
塩…小さじ1
こしょう…適量

作り方

1 ボールに小麦粉を入れ、牛乳を少しずつ加えてなめらかに混ぜておく。

2 フライパンにオリーブ油、玉ねぎを入れて3分ほどいため、玉ねぎが透き通ってきたらワインを加える。

3 **1**を一度に加えて強火で1分加熱する。塩、こしょうをふり、弱火にしてとろみがついたらでき上がり。

↓

1/4量（1回分・135g）ずつ電子レンジ対応容器に入れてふたをし、冷凍する。

保存期間 **冷凍で約3週間**

おすすめの活用法：グラタンやシチューはもちろん、焼いた肉や魚、野菜にかけてソースにする。

これ1つで好みの味つけに！

合わせ調味料を作りおき

親が好む味のものを食べてほしいから、好みの合わせ調味料を届けましょう。万能調味料になります。長期保存が可能なので、〝冷蔵保存〟できます。親の好みに合わせて調味料の配合を調整しましょう。

調味料に直接カツオ節を入れ、うま味を出しました

めんつゆ

材料（作りやすい分量）

みりん…1/2カップ

酒…大さじ2

a ［ しょうゆ・水
…各1/2カップ
砂糖（好みで）…大さじ1

カツオ節…10g

作り方

1 なべにみりん、酒を入れて1〜2分強火にかけ、アルコールをとばす。

※アルコールをとばすとき、なべの中に火が入ることも。慣れない人は大きめのなべを使いましょう。

2 **1**に**a**を加えて火にかけ、沸騰直前でカツオ節を加えて火を消してキッチンペーパーを敷いたざるで濾《こ》す。さましてから保存びんに入れてふたをする。

保存期間 冷蔵で1〜2か月ほど

おすすめの活用法：めんつゆとしてはもちろん、煮物や茶碗蒸しに。カツオ節の風味があるので、だしいらずで煮物が作れます。

合わせ調味料は保存びんに入れて保存

よく使う合わせ調味料は保存びんに入れておきましょう。合わせるだけの中華だれは、なくなったら、親が補充できるように、分量を書いて貼《は》っておくと便利です。

だし入りのやわらかな酸味だから、むせにくい

合わせ酢

材料（作りやすい分量）

酢…大さじ2と1/2
だし…大さじ1と1/2
砂糖…小さじ2
しょうゆ…小さじ1
塩…小さじ1/2

作り方

耐熱ボールに材料をすべて入れ、電子レンジ（600W）で1分加熱する。さましてから保存びんに入れてふたをする。

保存期間 冷蔵で1～2か月ほど

おすすめの活用法：野菜や海藻とあえれば、簡単に酢の物ができます。はるさめやハムにもよく合います。

オイスターソースのこくが決め手！

中華だれ

材料（作りやすい分量）

酒・しょうゆ…各大さじ2
砂糖…大さじ1と1/3
オイスターソース…小さじ2
ごま油…小さじ2
塩…適量

作り方

ボールに材料をすべて入れ、よく混ぜる。保存びんに入れてふたをする。

保存期間 冷蔵で1～2か月ほど

おすすめの活用法：簡単に中華風味に仕上がります。いため物やあえ物によく合います。

酸味を控えた甘めの味つけ

南蛮だれ

材料（作りやすい分量）

しょうゆ・水
…各大さじ6
酢・砂糖
…各大さじ2と1/2
赤とうがらし…1本

作り方

耐熱ボールに材料をすべて入れ、電子レンジ（600W）で1分加熱する。さましてから保存びんに入れてふたをする。
※辛いのが苦手な人は、赤とうがらしは加熱後すぐにとり出す。

保存期間 冷蔵で1～2か月ほど

おすすめの活用法：加熱した肉や魚、野菜を合わせれば、簡単に南蛮漬けができ上がります。

24～37ページで冷凍した食材やおかずのもとやソース、合わせ調味料を、使って調理します。下ごしらえがほとんどないので、すぐにでき上がります。

鶏肉の南蛮漬け

もも肉よりも、そぎ切りにした胸肉を使うほうがやわらかく、
食べやすく仕上がります。緑黄色野菜もいっしょにとれます。

材料（1人分）

冷凍鶏胸肉…70g
▶P.25

冷凍ブロッコリー…50g
▶P.30

冷凍にんじん…8枚（30g）
▶P.30

作りおき南蛮だれ
…大さじ1▶P.37

小ねぎの小口切り（好みで）
…適量

ごま油…小さじ1

作り方

1 鶏肉を焼く

フライパンにごま油と鶏肉を入れ、ふたをして5分焼く。

2 野菜を加えて加熱する

ブロッコリー、にんじんを加えてふたをし、強火で3分蒸し焼きにする。

3 南蛮だれで味つけする

南蛮だれをまわしかけ、好みで小ねぎをふって器に盛る。

主菜

1人分
181kcal
塩分 **1.2**g

1人分
333kcal
塩分 **0.9**g

肉団子の甘酢あん

中華料理が好きな親におすすめの一品。肉団子は豆腐入りでやわらかく仕上げています。
肉団子の大きさは親の食べやすい大きさに合わせるとよりベスト。

材料（1人分）

冷凍肉団子…5個（約100g）
▶P.25

冷凍さやいんげん…30g
▶P.29

冷凍にんじん…4枚（15g）
▶P.30

冷凍しいたけ…1枚分（10g）
▶P.31

冷凍しょうがのみじん切り
…1回分（大さじ1/2）
▶P.28

冷凍だし
…大さじ4▶P.33
作りおきめんつゆ
…大さじ1▶P.36
酢…小さじ1
ごま油…小さじ1/4
いり白ごま（好みで）…適量

作り方

1 だし、めんつゆ、しいたけ、肉団子を煮る

なべにだし、めんつゆ、酢、肉団子、しいたけ、しょうがを入れ、ふたをして強火で3分加熱する。

2 野菜を加えて煮る

1が熱くなったらさやいんげん、にんじんを加えて2分加熱する。

※とろみをつけたい場合は、煮立たせたところに、水どきかたくり粉（かたくり粉小さじ1/2、水小さじ1・分量外）をまわし入れる。

3 ごま油で風味をつける

ごま油をまわし入れ、器に盛り、好みでごまをふる。

かむのむ POINT

いんげんやしいたけが噛《か》み切りにくいときは、加熱するとやわらかくなるほうれん草、玉ねぎに変更しましょう。ごまがのどにひっかかりやすい人は加えないように。

青椒肉絲《チンジャオロースー》

1人分
253kcal
塩分**1.8**g

肉もピーマンも細切りなので箸《はし》でつかみやすく、食べやすいおかずです。
中華だれだけで味つけが決まります。

材料 (1人分)

冷凍牛もも薄切り肉
…70g ▶P.25

冷凍ピーマン(緑・赤)
…各30g ▶P.28

冷凍しょうがのみじん切り
…1回分(大さじ1/2) ▶P.28

作りおき中華だれ…大さじ1 ▶P.37
ごま油…小さじ1
いり白ごま(好みで)…適量

作り方

1 しょうがをいためる
フライパンにごま油としょうがを入れ、弱火で加熱する。

2 肉、野菜を加えていためる
香りが立ったら、牛肉、ピーマン(緑・赤)を入れて中火で2〜3分いためる。

3 中華だれで味つけする
中華だれをまわし入れてからめ、器に盛り、好みでごまをふる。

かむのむ POINT
ごまがのどにひっかかりやすい人は加えないように。

豚となすのおろしあえ

1人分
214kcal
塩分**0.7**g

食欲が湧《わ》く味つけです。夏バテ気味のときにもおすすめです。
ごはんにのせて丼にしたり、そうめんとあえてもおいしいです。

材料（1人分）

冷凍豚ロース しゃぶしゃぶ用肉…60g ▶P.25

冷凍なす …1本分（80g）▶P.30

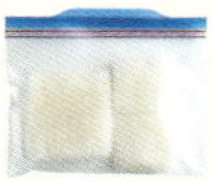

冷凍大根おろし …50g ▶P.28

冷凍しょうがのせん切り …1回分（大さじ1/2）▶P.28

作りおき合わせ酢…大さじ1 ▶P.37

小ねぎの小口切り（好みで）…適量

作り方

1 豚肉、なすを電子レンジで加熱する

耐熱ボールに、豚肉、なすを入れて電子レンジ（600W）で2分加熱する。

2 大根おろし、しょうがを加える

1が熱いうちに大根おろし、しょうがをのせる。

3 合わせ酢であえる

合わせ酢を加えて混ぜ合わせ、好みで小ねぎをふる。

かむのむ POINT

おろしあえは、かたくり粉でとろみをつけるとのど越しがよくなります。豚肉にまぶしたかたくり粉で適度なとろみがつきます。

サケのちゃんちゃん焼き

1人分
365kcal
塩分**1.4**g

サケといっしょに野菜、きのこも味つけ冷凍しているので、加熱するだけでOK！
フライパン、オーブントースター、使いやすいほうで調理しましょう。

材料（1人分）

冷凍サケ（ちゃんちゃん焼き用）…1切れ分 ▶**P.26**

作り方

1 電子レンジで半解凍する

サケをラップに包んだまま、耐熱皿にのせ、電子レンジ（600W）で2分加熱する。ラップをはずし、アルミホイルで包む。

2 オーブントースターで焼く

200℃に予熱したオーブントースターで**1**を10〜15分加熱する。

※トースターで焼かずに、フライパンで作ることもできる。直径15cmのフライパンに水を1cmほどはり、**1**を入れて10〜15分加熱する。湯が足りなくなったら足す。

カジキマグロのおろし煮

1人分
200kcal
塩分**1.3**g

適度に脂がのったカジキマグロを、大根おろしでさっぱりといただきます。
ブリ、サンマなどの切り身でも、豚肉や鶏肉でもよく合います。

材料（1人分）

冷凍カジキマグロ
…2切れ（100g）▶P.26

冷凍わかめ
…1回分（10g）▶P.32

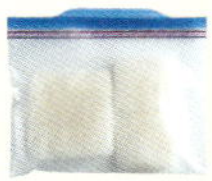

冷凍大根おろし
…50g▶P.28

作りおきめんつゆ…大さじ1▶P.36
水…1/2カップ

作り方

1 カジキマグロを半解凍する

カジキマグロは電子レンジ（600W）で1分ほど加熱する。

2 なべでカジキマグロとわかめを煮る

なべにめんつゆ、分量の水を入れて煮立たせ、**1**のカジキマグロとわかめを入れて弱火で2分加熱する。わかめを器にとり出して5分煮て、カジキマグロを器にとり出す。

3 おろしだれを作る

2の残った煮汁に大根おろしを加えて混ぜ、**2**にかける。

焼くだけ!
魚の味つけ冷凍
味つけして冷凍しているから、しっかりと味がしみ込んでいます。

サワラの西京漬け焼き

白みそ、酒、みりんを合わせた甘めの西京だれが、
サワラによく合います。

材料 (1人分)

冷凍サワラ(西京漬け焼き用)…1切れ分
▶P.27

冷凍アスパラガス…2本分(30g)
▶P.29

作り方

1 サワラを半解凍する

サワラを冷凍用保存袋ごと電子レンジ(600W)に入れ、1分ほど加熱する。

2 サワラとアスパラガスをグリルで焼く

1のサワラ、アスパラガスを魚焼きグリルで6〜7分焼く。アスパラガスは長さを半分に切る。

1人分
235kcal
塩分**1.6**g

ブリの香味焼き

ブリを香味だれにつけると、生臭みがなくなり、うま味が引き立ちます。

材料 （1人分）

冷凍ブリ（香味焼き用）…1切れ分 ▶P.27

冷凍ほうれん草…30g ▶P.30

作り方

1 ブリを半解凍する

ブリを冷凍用保存袋ごと電子レンジ（600W）に入れ、ほうれん草を耐熱の器に入れていっしょに20秒加熱し、ほうれん草をとり出す。さらに1分30秒ほど加熱する。

2 ブリをグリルで焼く

1のブリを魚焼きグリルで7〜8分焼く。器に盛り、ほうれん草を添える。

サケの幽庵焼き

柑橘《かんきつ》類の輪切りもいっしょに冷凍して香りを移して。さわやかな味わいです。

材料 （1人分）

冷凍サケ（幽庵焼き用）…1切れ分 ▶P.27

冷凍大根おろし…25g ▶P.28

作り方

1 サケを半解凍する

サケを冷凍用保存袋ごと電子レンジ（600W）に入れ、1分30秒ほど加熱する。大根おろしは室温でもどす。

2 サケをグリルで焼く

かぼすを外し**1**のサケを魚焼きグリルで6〜7分焼く。器に盛り、大根おろしを添える。好みで柑橘類の輪切りをそえる（新しく切ったもの）。

エビとブロッコリーのクリームシチュー

野菜をたくさん入れるとおいしく、ビタミンもしっかりとれます。
エビをホタテ貝や生ザケ、鶏胸肉に代えるのもおすすめです。

材料（1人分）

冷凍エビ…3尾（45g）
▶P.26

冷凍ブロッコリー…30g
▶P.30

冷凍しめじ類…30g
▶P.31

冷凍にんじん
…2〜3枚（10g）
▶P.30

冷凍ホワイトソース
…1回分（約135g）
▶P.35

牛乳…1/2カップ
塩…ミニスプーン1/2（0.5g）
こしょう…少量
パセリのみじん切り（好みで）
…適量

作り方

1 エビ、しめじ類、ホワイトソースを加熱する

なべにエビ、しめじ類、ホワイトソース、牛乳を入れ、ふたをして強火で5分加熱する。

2 野菜を加えて煮る

ブロッコリー、にんじんを加えて中火で1分ほど煮る。塩、こしょうをふる。

3 余熱で火を通す

沸騰したら火を消し、ふたをして3分おく。器に盛り、好みでパセリをふる。

1人分
260kcal
塩分**2.2**g

ミルク茶わん蒸し

1人分
177kcal
塩分**0.7**g

茶わん蒸しは、なめらかな食感で親世代が好むおかず。牛乳を加えることで、たんぱく質やカルシウムをアップ。あんはめんつゆでお手軽に。

材料（1人分）

冷凍ほうれん草
…20g ▶ P.30

冷凍エビ
…1尾（15g）▶ P.26

冷凍はんぺん
…3切れ（9g）▶ P.26

冷凍だし…大さじ1 ▶ P.33
作りおきめんつゆ…小さじ1 ▶ P.36
卵…1個
牛乳…90ml
［かたくり粉…小さじ1/4
　水…小さじ1

作り方

1 器に具と卵液を注ぐ

牛乳に卵を加えてよく混ぜ、茶濾《こ》しで濾しながら耐熱製の器に注ぎ入れる。器にはんぺんとほうれん草、エビを入れ、卵液をそっと注ぐ。

2 蒸す

深めのなべに水を3cmほど沸かし入れて、**1**を入れる（なべ底にふきんを敷くと器が安定する）。
※ふた（水滴が落ちないように内側にふきんをかける）を少しずらしてのせ、弱火で10～15分蒸す。

3 あんを作る

耐熱容器にだし、めんつゆ、水どきかたくり粉を入れて混ぜ、電子レンジ（600W）で30秒加熱し、とろみがついたら、**2**にかける。

がんもどきと里芋の煮物

1人分
183kcal
塩分**0.9**g

がんもどきと野菜をいっしょに煮て、こくとうま味をとじ込めます。
冷凍でもふっくらジューシーに仕上がります。

材料（1人分）

冷凍がんもどき
…小4個（60g）▶P.31

冷凍里芋
…40g▶P.31

冷凍にんじん
…6枚（20g）▶P.30

冷凍さやいんげん
…10g▶P.29

冷凍だし…大さじ5▶P.33
作りおきめんつゆ…大さじ1▶P.36

作り方

1 なべでだし、がんもどきを煮る

なべにだしとめんつゆ、がんもどきを入れ、強火で1分、弱火で3分煮る。

2 里芋と野菜を加えて煮る

里芋、にんじん、さやいんげんを加えて、ふたをして強火で1分煮る。ふたをとり、弱火で2〜3分煮る。

かむのむ POINT

飲み込みが心配なときは、だしを倍量にして水どきかたくり粉でとろみをつけましょう。

いんげんの白あえ

1人分
79kcal
塩分**0.9**g

野菜をだしでさっと煮て、白あえのもとと混ぜるだけ。
にんじん、ブロッコリーなどどんな野菜も合います。

材料（1人分）

冷凍さやいんげん
…40g ▶P.29

冷凍白あえのもと
…1回分（50g）▶P.35

冷凍だし…大さじ1 ▶P.33
白すりごま（好みで）…適量

作り方

1 だしといんげんを解凍する
なべにだしとさやいんげんを入れ、強火で2〜3分加熱する。

2 白あえのもとを加えて解凍する
煮汁がなくなったら火を消し、白あえのもとを入れ、ふたをして1分ほど加熱する。混ぜて器に盛り、好みでごまをかける。

かむのむ POINT
すりごまは意外とむせやすいので、かけすぎに注意しましょう。

もずく、わかめときゅうりの酢の物

1人分
14kcal
塩分**0.9**g

ミネラルや食物繊維が豊富な海藻も、親に食べてほしい食材です。
冷凍・解凍しても食感はほとんど変わりません。合わせ酢であえるだけで完成します。

材料（1人分）

冷凍もずく…20g ▶P.32

冷凍わかめ
…1回分（10g）▶P.32

作りおき合わせ酢…大さじ1 ▶P.37
きゅうり…1/5本（20g）
塩…ミニスプーン1/2（0.5g）
みょうがの小口切り…1本分（20g）

作り方

1 きゅうりに塩をふる

きゅうりは厚さ2mmの薄切りにし、塩をふってしんなりさせる。

2 もずくとわかめを解凍する

もずく、わかめをいっしょに電子レンジ（600W）に入れ、30秒加熱する。

3 合わせ酢であえる

1のきゅうりを水でさっと洗ってかたく絞り、**2**のもずくとわかめを合わせ、合わせ酢であえる。器に盛り、みょうがを添える。

かむのむ POINT

食感が似ているもずくとわかめだけにすると、より食べやすくなります。
酢がむせやすいときは、しょうが汁で味をしめるのがおすすめです。

ひじきと油揚げの含め煮

1人分
102kcal
塩分**0.4**g

もどしたひじきがあれば、手軽に作れます。ごはんが進むこと請け合いです。
しょうがを入れることで、塩分控えめでさっぱりとした味わいになります。

材料 （1人分）

冷凍ひじき
…1回分（20g）▶P.32

冷凍にんじん
…8枚（30g）▶P.30

冷凍油揚げ
…1/2枚分（15g）▶P.31

冷凍しょうがのせん切り
…1回分（大さじ1/2）▶P.28

冷凍だし…大さじ2▶P.33
作りおきめんつゆ…小さじ1・1/2▶P.36
ごま油…小さじ1/2

作り方

1 にんじんを切る

にんじんは食べやすい幅に切る。

2 具をだしとめんつゆで煮る

フライパンにごま油小さじ1/4、ひじき、にんじん、油揚げ、しょうが、だしを入れ、強火でさっといためる。めんつゆを加え、2分加熱する。

3 ごま油で香りをつける

ごま油小さじ1/4を加えて混ぜる。

かむのむ POINT

白あえのもと（P.35）であえると食べやすくなります。

しいたけと小松菜の中華あえ

1人分
36kcal
塩分**0.4**g

サクラエビの香り、風味が味の決め手です。カルシウムやミネラルもとれます。
食べにくい人は、サクラエビを粉砕して粉末状にするとよいでしょう。

材料（1人分）

冷凍しいたけ
…3枚分（30g）▶P.31

冷凍小松菜
…50g▶P.30

冷凍しょうがのせん切り
…1回分（大さじ1/2）▶P.28

作りおき中華だれ…小さじ1弱▶P.37
サクラエビ…乾2g
ごま油…小さじ1/4

作り方

1 しいたけ、小松菜を加熱する

フライパンにしいたけと小松菜、しょうが、ごま油を入れ、強火で1分加熱する。

2 サクラエビを砕く

サクラエビは電子レンジ（600W）で30秒加熱して乾燥させ、砕く。

3 中華だれで味つけする

1がしんなりしたら中華だれをまわしかけ、器に盛り、**2**のサクラエビをちらす。

かむのむ POINT

しいたけは噛《か》みにくいので、細く刻むのがおすすめです。その上で飲み込みにくいときは、作り方3で中華だれを加えたあとに水どきかたくり粉でとろみをつけましょう。

はんぺんと小松菜のお吸い物

1人分
19kcal
塩分**1.3**g

のど越しのよいはんぺんも親世代におすすめの食材です。
ゆずの皮はあえて大きめに切ることで、視力の落ちた親にもわかりやすくなります。

材料（1人分）

冷凍はんぺん
…4切れ（12g）▶P.26

冷凍小松菜…20g▶P.30

冷凍ゆずの皮（好みで）
…適量▶P.28

冷凍だし…3/4カップ▶P.33
塩…小さじ1/6
うす口しょうゆ…小さじ1/4

作り方

1 冷凍だしを半解凍する

だしは電子レンジ（600W）で1分30秒ほど加熱する。

2 調味する

なべに移し、強火で2〜3分加熱し、塩、うす口しょうゆを加える。

3 具を加える

はんぺん、小松菜を加え、中火でひと煮立ちさせる。器に盛り、好みでゆずの皮を吸い口に添える。

かむのむ POINT

小松菜はかたさが残りやすいので、葉先のみを使います。
歯が悪い人は冷凍のままさらに細かく刻みましょう。

もずくの卵汁

1人分
88kcal
塩分**1.3**g

かきたま汁ですが、もずくの自然なとろみがあるので、
かたくり粉でとろみをつけなくても大丈夫です。

材料（1人分）

冷凍もずく…20g ▶P.32

冷凍だし…3/4カップ ▶P.33

卵…1個

塩…小さじ1/6

うす口しょうゆ…小さじ1/4

作り方

1 だしを半解凍する

だしは電子レンジ（600W）で1分30秒ほど加熱する。

2 もずくを加えて調味する

なべに移し、もずくを加えて強火で1分煮て、塩、うす口しょうゆを加える。

3 卵をとき入れる

ひと煮立ちさせ、といた卵を細く流し入れ、器に盛る。

かむのむ POINT

もずくが長いときは切りましょう。解凍後にキッチンばさみを使うと楽ちん。もずくの自然なとろみでのど越しがよくなります。

なすとわかめのみそ汁

1人分
56kcal
塩分**0.9**g

なすとわかめ、油揚げは、私の母の定番の具でした。
残った冷凍野菜などを活用すれば、手軽に具だくさんみそ汁が作れます。

材料 （1人分）

冷凍なす
…3切れ（30g） **▶P.30**

冷凍わかめ
…1回分（10g） **▶P.32**

冷凍油揚げ
…1/4枚（約8g） **▶P.31**

冷凍だし…3/4カップ **▶P.33**
みそ…小さじ1
長ねぎのみじん切り（好みで）…適量

作り方

1 だしを半解凍する

冷凍だしを電子レンジ（600W）で1分30秒ほど加熱する。

2 野菜などの具を煮る

なべに移してひと煮立ちさせ、なす、わかめ、油揚げを加え、2分煮る。

3 みそをとき入れる

火を消してみそをとき入れる。器に盛り、好みで長ねぎをふる。

豚汁

豚肉は脂のあるバラが合います。好みでロースに代えても。
野菜は、残った冷凍野菜に代えてもおいしく仕上がります。

材料（1人分）

冷凍豚バラ薄切り肉…20g ▶P.25

冷凍里芋…20g ▶P.31

冷凍にんじん…4枚（15g）▶P.30

冷凍ほうれん草…15g ▶P.30

冷凍だし（または水）**…3/4カップ ▶P.33**
ごま油…小さじ1/2
豆腐…30g　みそ…小さじ1
小ねぎの小口切り（好みで）…適量

作り方

1 だしを半解凍する

だしを電子レンジ（600W）で1分30秒ほど加熱する。豚肉は凍ったまま長さ1cmほどに切り、里芋は凍ったまま4等分にする。

2 豚肉や野菜をいためる

なべにごま油を入れ、**1**の豚肉と里芋、にんじん、ほうれん草を加えてさっといため、**1**のだしを加える。

3 だしで煮る

だしがとけて煮立ったら、みそをとき入れる。豆腐を1.5cm角に切って加えて強火で30秒加熱する。器に盛り、好みで小ねぎをふる。

肉団子のトマトパスタ

1人分
644kcal
塩分**1.0**g

トマトソースの定番パスタに肉団子や野菜も入れて、栄養満点の一品に。
スパゲティでもOKですが、ペンネだとより食べやすくなります。

材料（1人分）

冷凍肉団子
…4個（約80g）▶P.25

冷凍ピーマン
…30g▶P.28

冷凍トマトソース
…1回分（170g）▶P.34

ペンネ…50g
オリーブ油…小さじ1/2
粉チーズ…適量

かむのむ POINT

ペンネは表示の時間よりも長くゆでてやわらかくしましょう。長さを半分に切るのもおすすめです。

作り方

1 ペンネをゆでる

なべにたっぷりの湯を沸かし、ペンネを袋の表示どおりにゆで、ざるにあげる。

2 肉団子、トマトソースを解凍する

肉団子を耐熱皿にのせ、トマトソースといっしょに電子レンジ（600W）で1分30秒ほど加熱する。

3 具をいため、トマトソースと加熱する

別のなべにオリーブ油を熱し、ピーマンを加えてさっといため、**2**の肉団子とトマトソースを加える。ふたをして弱火で3分加熱する。火を消し、**1**のペンネ、粉チーズを加えて混ぜる。

かぼちゃのほうとう

1人分
300kcal
塩分**1.5**g

かぼちゃを煮ると、とろみが出てより食べやすくなります。
きのこがうま味をアップ。たんぱく質源の豚肉も入り、おなかも大満足の一品です。

材料（1人分）

冷凍うどん
…1/2玉（90g）▶P.33

冷凍豚バラ薄切り肉
…2枚（30g）▶P.25

冷凍野菜ときのこ
（かぼちゃ、長ねぎ、しめじ類）
…合わせて80g▶P.28、29、31

冷凍だし…1と1/2カップ▶P.33
白みそ…大さじ1
白すりごま（好みで）…適量

作り方

1 だしなど解凍する

だしを電子レンジ（600W）で2〜3分加熱する。

2 具を煮る

なべに**1**のだしを入れて強火にかけ、煮立ったら、かぼちゃ、豚肉、しめじ類、うどん、長ねぎを加え、中火で5分加熱する。

3 みそで味をととのえる

火が通ったらみそをとき入れる。器に盛り、好みでごまを散らす。

かむのむ POINT

うどんは調理の加熱時間を長くすると、やわらかくなります。

お届け食材と
レシピがひと目で
わかる！

1章の料理別使用食材一覧

料理ごとに使用する食材をまとめました。親に届ける食材（24～37ページ）、親が用意する食材がひと目でわかりますので、ぜひ活用してください。

主菜

料理名	お届け食材		親が用意する食材
	冷凍食材	合わせ調味料	
 鶏肉の南蛮漬け ▸P.38	冷凍鶏むね肉（P.25）、冷凍ブロッコリー（P.30）、冷凍にんじん（P.30）	南蛮だれ（P.37）	小ねぎ、ごま油
 肉団子の甘酢あん ▸P.40	冷凍肉団子（P.25）、冷凍さやいんげん（P.29）、冷凍にんじん（P.30）、冷凍しいたけ（P.31）、冷凍しょうが（P.28）、冷凍だし（P.33）	めんつゆ（P.36）	酢、ごま油、いり白ごま
 青椒肉絲 ▸P.42	冷凍牛もも薄切り肉（P.25）、冷凍しょうが（P.28）、冷凍ピーマン（P.28）	中華だれ（P.37）	ごま油、いり白ごま
 豚となすのおろしあえ ▸P.43	冷凍豚ロースしゃぶしゃぶ用肉（P.25）、冷凍なす（P.30）、冷凍大根おろし（P.28）、冷凍しょうが（P.28）	合わせ酢（P.37）	小ねぎ
 サケのちゃんちゃん焼き ▸P.44	冷凍サケ（ちゃんちゃん焼き用・P.26）		
 カジキマグロのおろし煮 ▸P.45	冷凍カジキマグロ（P.26）、冷凍わかめ（P.32）、冷凍大根おろし（P.28）	めんつゆ（P.36）	
 サワラの西京漬け焼き ▸P.46	冷凍サワラ（西京漬け焼き用・P.27）、冷凍アスパラガス（P.29）		
 サケの幽庵焼き ▸P.47	冷凍サケ（幽庵焼き用・P.27）、冷凍大根おろし（P.28）		
 ブリの香味焼き ▸P.47	冷凍ブリ（香味焼き用・P.27）、冷凍ほうれん草（P.30）		
 エビとブロッコリーのクリームシチュー ▸P.48	冷凍エビ（P.26）、冷凍しめじ類（P.31）、冷凍ブロッコリー（P.30）、冷凍にんじん（P.30）、冷凍ホワイトソース（P.35）		牛乳、塩、こしょう、パセリ
 ミルク茶わん蒸し ▸P.50	冷凍ほうれん草（P.30）、冷凍エビ（P.26）、冷凍はんぺん（P.26）、冷凍だし（P.33）	めんつゆ（P.36）	卵、牛乳、かたくり粉
 がんもどきと里芋の煮物 ▸P.51	冷凍がんもどき（P.31）、冷凍里芋（P.31）、冷凍にんじん（P.30）、冷凍さやいんげん（P.29）、冷凍だし（P.33）	めんつゆ（P.36）	

副菜

料理名	お届け食材		親が用意する食材
	冷凍食材	合わせ調味料	
 **いんげんの白あえ ▶P.52**	冷凍さやいんげん (P.29)、冷凍白あえのもと (P.35)、冷凍だし (P.33)		白すりごま
 **もずく、わかめときゅうりの酢の物 ▶P.53**	冷凍もずく (P.32)、冷凍わかめ (P.32)	合わせ酢 (P.37)	きゅうり、塩、みょうが
 **ひじきと油揚げの含め煮 ▶P.54**	冷凍ひじき (P.32)、冷凍にんじん (P.30)、冷凍油揚げ (P.31)、冷凍しょうが (P.28)、冷凍だし (P.33)	めんつゆ (P.36)	ごま油
 **しいたけと小松菜の中華あえ ▶P.55**	冷凍しいたけ (P.31)、冷凍小松菜 (P.30)、冷凍しょうが (P.28)	中華だれ (P.37)	サクラエビ、ごま油

汁物

料理名	お届け冷凍食材	親が用意する食材
 **はんぺんと小松菜のお吸い物 ▶P.56**	冷凍はんぺん(P.26)、冷凍小松菜(P.30)、冷凍だし(P.33)、冷凍ゆずの皮(P.28)	塩、うす口しょうゆ
 **もずくの卵汁 ▶P.57**	冷凍もずく(P.32)、冷凍だし(P.33)	卵、塩、うす口しょうゆ
 **なすとわかめのみそ汁 ▶P.58**	冷凍なす(P.30)、冷凍わかめ(P.32)、冷凍油揚げ(P.31)、冷凍だし(P.33)	みそ、長ねぎ
 **豚汁 ▶P.59**	冷凍豚バラ薄切り肉(P.25)、冷凍里芋(P.31)、冷凍にんじん(P.30)、冷凍ほうれん草(P.30)、冷凍だし(P.33)	ごま油、豆腐、みそ、小ねぎ

一品で

料理名	お届け冷凍食材	親が用意する食材
 **肉団子のトマトパスタ ▶P.60**	冷凍肉団子(P.25)、冷凍ピーマン(P.28)、冷凍トマトソース(P.34)	ペンネ、オリーブ油、粉チーズ
 **かぼちゃのほうとう ▶P.61**	冷凍うどん(P.33)、冷凍豚バラ薄切り肉(P.25)、冷凍かぼちゃ(P.29)、冷凍しめじ(P.31)、冷凍長ねぎ(P.28)、冷凍だし(P.33)	白みそ、白すりごま

小菅さんの体験から　コラム2

ホームヘルパーさんとのこと

ひとり暮らしの実母は、高齢で生活に支障が出るようになってから訪問介護のヘルパーさんを頼んでいました。ヘルパーさんの時間は限られているので、一から料理してもらうのはむずかしいもの。しかも、料理上手とも限りませんし、母好みの味つけを知っているわけでもありません。

母は、料理や掃除などを終えて帰ろうとすると、寂しがるんですよね。そして、それは私や妹だけにではなく、ヘルパーさんにも同じです。ヘルパーさんに、もっと料理を作ってもらおうと思ったこともあります。でも、母が望んでいるのは、ヘルパーさんと会話をすること。

下ごしらえずみの食材を冷凍して届けると、母も調理できると喜んでくれ、短い時間で食事を用意しなければならないヘルパーさんにも使ってもらえ大好評でした。

ヘルパーさんは、地域によるかもしれませんが、毎日同じ人が来るとは限りません。母の食事でお願いしたいことを連絡帳に書いても伝わらなかったり、ヘルパーさん同士の申し送りがなかなかむずかしいことも。

ですから、届けた冷凍の食材やおかずに、母はもちろん、ヘルパーさんにも一目でわかるように、食材や料理の内容や作った日付を書くことは欠かせませんでした。書きすぎても読むのがおっくうになってしまうと思うので、要点をまとめるように気をつけました。

冷凍お届けごはんと、ヘルパーさんとの連携で、母の食事の栄養バランスもよくなりました。高齢になるとついおっくうでごはんなど炭水化物に偏った食事になりがちです。肉や魚、卵、大豆製品などのたんぱく質源と野菜を食べられるように意識して食材やおかずを届け、ヘルパーさんにもポイントを伝えることで、いろいろな食材をバランスよくとれる食事になりました。

介護は、特別ではなくて生活の一部です。だから、ひとりで背負わず、近くに住むほかの家族やヘルパーさんに頼ったり、協力し合うことが重要です。自分ひとりでかかえ込んでしまうと、長続きしないので、気楽な気持ちを持ってやることがたいせつです。

2章

家のごはんといっしょに作れる！
「とりわけ冷凍おかず」

家族のごはんを多めに作り、そこから親ごはん分を
冷凍でストックすれば、
時間がなくても無理せず続けられます。
冷凍、解凍してもおいしく食べられるよう、
くふうしたレシピですので安心して届けてください。
レシピはとりおきしやすいよう、
4人分、または作りやすい分量で紹介しています。
すべて電子レンジで温めるだけですぐ食べられます。

主菜

1/6量
182kcal
塩分**1.5**g

中華風チキンロール

鶏胸肉で野菜を巻いてレンジで加熱するだけ。余熱をいかしてジューシーに仕上げます。
赤と緑の2色の野菜で彩りよく、ビタミンもアップ。

材料（4～6人分・2本分）

鶏胸肉…2枚（560g）
にんじん…1/4本（40g）
さやいんげん…4本（32g）

香味だれ

- にんにくのすりおろし…小さじ1（3g）
- しょうがのすりおろし…大さじ1（5g）
- しょうゆ・酒…各大さじ4
- 砂糖・はちみつ…各大さじ2

- かたくり粉…小さじ1
- 水…小さじ2

作り方

1 鶏肉は水けをふきとり、縦に包丁を入れ、両側に向かって開くように切り込みを入れる。皮目にはフォークで穴をあける。にんじんはいんげんと同じくらいの太さに切り、長さは鶏肉に合わせる。

2 **1**の鶏肉を皮目を下にして広げ、にんじん、いんげんをのせる。にんじんといんげんを芯《しん》にして棒状に巻き、たこ糸で縛る。

3 耐熱ボールに香味だれの材料と**2**を入れて全体をからめ、ラップをふんわりとかけて電子レンジ（600W）で4分ほど加熱する。たれを全体にからめて上下を返し、再びラップをふんわりとかけて電子レンジ（600W）で4分ほど加熱する。そのままラップをかけて2分おき、鶏肉に余熱で火を通す。

4 あら熱がとれたら、冷凍用保存袋にたれごと入れる。途中返しながら1時間ほどおいてから1cm幅に切る。たれを煮詰め、水ときかたくり粉でとろみをつける。器に盛ってたれをまわしかける。

お届け方法

さましてから、1人分を電子レンジ対応容器に入れてふたをし、冷凍する。たれは別添えにしても。

保存期間 冷凍で約3週間

⇓

食べ方

容器のふたをとってラップをふんわりとかけ、電子レンジ（600W）で**2分**ほど温め、器に盛る。

かむのむ POINT

にんじんやいんげんは下ゆでしておくとさらにやわらか。また、ほうれん草の葉先に代えるのも食べやすくなります。

鶏つくね

野菜をたっぷり入れたつくねです。あえて大きめに切って、
それぞれの味が楽しめるようにしています。甘辛だれでごはんが進む味つけです。

材料 **(4人分・8個分)**

鶏ひき肉…250g
玉ねぎ…1/2個(100g)
しめじ類…50g
れんこん…1/3節(50g)
卵…1/2個
a ［しょうゆ・酒・しょうがのみじん切り…各大さじ1/2
かたくり粉…大さじ2
ごま油…小さじ1
b ［しょうゆ・みりん…各大さじ2
砂糖…大さじ1
しょうが汁…小さじ2］
ズッキーニ…1/3本(100g)
グリーンアスパラガス…8本(130g)

作り方

1 玉ねぎは1cm角に切り、しめじ類、れんこんも同じくらいに切る。

2 ボールにひき肉を入れ、**a**を加えてよく混ぜ合わせる。ときほぐした卵、かたくり粉、**1**の野菜としめじ類を加え、さらによく混ぜる。8等分にして丸め、かたくり粉をまぶす。

3 アスパラガスは半分の長さに切り、ズッキーニは厚さ1cmほどに切り、熱湯でゆでる。

4 フライパンにごま油を熱し、**2**を5分ほど焼いて返し、5分焼く。**b**を加えてからめる。**3**のアスパラガスとズッキーニもたれにからめて、器に盛り合わせる。

お届け方法

さましてから、1人分を電子レンジ対応容器に入れてふたをし、冷凍する。

保存期間 **冷凍で約3週間**

⇓

食べ方

容器のふたをとってラップをふんわりとかけ、電子レンジ(600W)で**2分40秒**ほど温め、器に盛る。

かむのむ POINT

れんこんが食べづらいときは、にんじんなどに代えましょう。野菜は、にらギョーザ(P.70参照)のようにフードプロセッサーでペースト状にしても。

1人分
223kcal
塩分**1.7**g

1人分
255kcal
塩分**0.4**g

にらギョーザ

にらは、ひき肉といっしょにフードプロセッサーで攪拌《かくはん》するので、繊維が断ち切られ、食べやすくなります。白菜やキャベツよりも水分が少ないので冷凍におすすめです。

材料 (4人分・20個)

豚ひき肉…300g
にら…1束(100g)
a
- しょうが汁…小さじ1
- 塩…小さじ1/5
- こしょう…少量

ギョーザの皮…20枚
ごま油…大さじ1/2
しょうゆ、ラー油(好みで)…適量

作り方

1 ボールにひき肉を入れ、**a**を加えてよく混ぜ合わせる。

2 ざく切りにしたにらを加えて混ぜ、フードプロセッサーに入れ、にらが細かくなるまで、攪拌する。
※にらは包丁で刻んでもOK。

3 ギョーザの皮に**2**の肉だねを等分にのせ、皮の縁に水をつけ、ひだを寄せて包む。

4 フライパンにごま油を熱し、**3**を並べ、強火で3分焼く。焼き色がついたら、熱湯1/2カップ(分量外)をまわし入れてふたをし、5分ほど蒸し焼きにする。ほとんど水分がなくなったらふたをはずし、ごま油をまわし入れ、カリッとするまで3分焼く。好みでしょうゆとラー油をつける。

お届け方法

さましてから、1人分をラップで包み、電子レンジ対応容器に入れてふたをし、冷凍する。
※ラップを敷かないと、ギョーザが容器にくっついてしまうので注意。

保存期間 冷凍で約3週間

⇓

食べ方

電子レンジ

容器のふたをとり、電子レンジ(600W)で**2分20秒**ほど温め、ラップからとり出して器に盛る。

フライパン

油を敷いていないフライパンを火にかけ、冷凍したギョーザを並べてふたをして1分焼き、ふたをとってカリッとするまで焼き、器に盛る。

かむのむ POINT

にらは、やわらかな葉先を使うとよりやわらかく仕上がります。また、ギョーザをスープ仕立てにするのもおすすめです。煮立たせた中華スープに冷凍ギョーザを入れて温めましょう。

豚の角煮

豚肉をじっくり煮込むのでやわらかく、肉を食べた満足感を味わえます。
一度さまして脂をしっかりとり除く。このひと手間で食べやすく仕上がります。

材料 (4人分)

豚バラ肉(かたまり)…600g
しょうが(薄切り)…5～6枚
砂糖…大さじ1と1/2
サラダ油…大さじ1
酒…1/4カップ
a [砂糖・みりん…各大さじ2
しょうゆ…大さじ4
白《しら》髪《が》ねぎ(好みで)…適量

作り方

1 豚肉をさっと洗い、熱湯で1～2分下ゆでし、キッチンペーパーで水けをふきとる。フォークでところどころを刺し、3～4cm大に切り分ける。

2 フライパンに油を熱し、しょうが、砂糖を入れて手早くいため、砂糖があめ色になったら、**1**の豚肉を入れて全体に焼き色がつくように、2分ほど転がしながら焼く。

3 豚肉をとり出し、別のなべに入れ、水をかぶるくらいに加えて火にかける。煮立ったら酒を加え、弱火で1時間ほど煮る。途中アクをていねいにすくう。あら熱をとる。
※一度さまし、冷蔵庫に2時間ほど入れると、脂がかたまるのでとり除く。油をとり除いてから、味をつけるとよくしみておいしく仕上がる。

4 豚肉がやわらかくなったら、**a**を加えて弱火で30分ほど煮る。しょうゆを2回に分けて(15分間隔)加え、肉に串がスッと通るようになったら火から下ろす。

5 器に盛って煮汁をかけ、好みで白髪ねぎを散らす。

お届け方法

さましてから、1人分を電子レンジ対応容器に入れ、煮汁をひとすくいかける。ふたをし、冷凍する。

保存期間 冷凍で約3週間

⇓

食べ方

容器のふたをとってラップをふんわりとかけ、電子レンジ(600W)で**1分50秒**ほど温め、器に盛る。

1人分
668kcal
塩分2.0g

1人分
413kcal
塩分**1.9**g

サンマのしょうが煮

解凍すると、味がうすく感じることもあるため、やや濃いめの味つけになっています。
副菜はうす味のものを組み合わせましょう。

材料 （4人分）

サンマ…4尾（480g）
こんぶ…15cm大1枚

a
- 酒・水…各1/2カップ
- しょうゆ…大さじ2と1/3
- 酢…大さじ1と2/3
- みりん…大さじ1と1/2
- 砂糖…大さじ1

b
- しょうがの薄切り…1と1/2かけ分（約20g）
- 梅干し…1個

作り方

1 サンマは頭と尾を切り落として4等分の筒切りにし、はらわたをとり除き、水でよく洗う。ざるに並べて湯をかけて霜降りにし、生臭みをとる。

2 なべにこんぶを敷き、**1**のサンマを並べ、**a**を加えてひと煮立ちさせたら弱火にし、**b**を加えて落としぶたをし、弱火で30分煮る。

お届け方法

さましてから、1人分を電子レンジ対応容器に入れてふたをし、冷凍する。

保存期間 冷凍で約3週間

⇓

食べ方

容器のふたをとってラップをふんわりとかけ、電子レンジ（600W）で**1分30秒**ほど温め、器に盛る。

かむのむ POINT

やわらかく煮えますが、高齢の方にはサンマの骨をしっかりとり除いてあげましょう。

タラのムニエル

解凍したときに出る魚のうま味がマッシュポテトにしみ込みます。

材料　(2人分)

タラ…2切れ(1切れ100g)
※カラスガレイやタイ、サワラに代えても。
塩…小さじ1/4
オリーブ油…大さじ1/2
バター…大さじ1/2
小麦粉…適量
こしょう…少量

a
- バター…大さじ1
- レモン…1/2個分(大さじ1)
- パセリのみじん切り…大さじ1
- 白ワイン…小さじ1

じゃが芋…小1個(75g)
トマト…小1個(65g)

作り方

1 タラに塩をふり、10分おいて水けをキッチンペーパーでふきとる。

2 じゃが芋はゆでてつぶし、器に敷く。トマトは1cm角に刻む。

3 フライパンにオリーブ油とバターを熱し、小麦粉を軽くまぶしたタラを入れ、焼き色がつくまで、弱火で両面焼き、こしょうをふる。

4 器に盛り、**3**のフライパンに**a**を入れ弱火でひと煮立ちさせ、タラにかける。**2**のトマトをかける。

お届け方法

さましてから、1人分を電子レンジ対応容器に入れてふたをし、冷凍する。

保存期間　冷凍で約3週間

⇓

食べ方

容器のふたをとってラップをふんわりとかけ、電子レンジ(600W)で**2分30秒**ほど温め、器に盛る。

かむのむ POINT

パセリがのどにひっかかりやすい人は加えないように。

1人分
243kcal
塩分**2.3**g

カレイの煮つけ

甘辛味でごはんが進みます。ごぼうは冷凍してやわらかさがアップ！

材料（2人分）

カレイ
…2切れ（1切れ100g）
ごぼう…1/3本（60g）

a
- 水…1カップ
- 酒…大さじ3
- しょうゆ・みりん…各大さじ2
- 砂糖…大さじ1

かむのむ POINT

ごぼうは下ゆでしてから煮ると、さらにやわらかく、食べやすさがアップします。

作り方

1 カレイは水洗いし、表側の皮に十文字の切り目を浅く入れる。ごぼうは長さ3cmに切って縦半分に切り、皮のほうに斜めに幅3mmの切り込みを入れる。

2 なべに**a**を入れて煮立て、カレイの切れ目を入れた面を上にして入れる。再び煮立ったら煮汁をすくってかけ、落としぶたをして弱火で10分ほど煮る。途中煮汁をすくってかける。

3 煮汁が半分くらいになったらカレイを端に寄せ、あいたところにごぼうを入れ、中火で3分煮る。

お届け方法

さましてから、1人分を電子レンジ対応容器に入れてふたをし、冷凍する。

保存期間 冷凍で約3週間

⇓

食べ方

容器のふたをとってラップをふんわりとかけ、電子レンジ（600W）で**2分**ほど温め、器に盛る。

1人分
236kcal
塩分1.1g

アジのさつま揚げ

ごぼうは笹がきごぼうに、にんじんはみじん切りにしていますが、
親によって食べやすい大きさは異なります。感想を聞きながら、大きさを調節しましょう。

材料 **（4人分・12枚分）**

アジ…大4尾（正味350g）
ごぼう…2/3本（100g）
にんじん…1/3本（50g）
小ねぎの小口切り…大さじ2
しょうがのみじん切り…大さじ1と1/2
a 酒…大さじ2
塩…小さじ2/3
こしょう…少量
かたくり粉…大さじ2
揚げ油…適量
しょうがのすりおろし（好みで）…1かけ分（15g）
しょうゆ（好みで）…適量

作り方

1 ごぼうは笹がきごぼうにして水に5分ほどさらし、アクを除いて水けをきる。にんじんはみじん切りにする。

2 アジは3枚におろし、皮を除いて、フードプロセッサーで攪拌《かくはん》してミンチ状にする。

3 ボールに移し、小ねぎ、しょうがのみじん切り、**1**、**a**を加えて混ぜる。かたくり粉を加えて混ぜる。

4 180度の揚げ油に**3**をスプーン2本で形作って落とし入れ、5分ほど揚げる。

5 **4**を器に盛って好みでしょうがのすりおろしを添え、好みでしょうゆをつける。

お届け方法

さつま揚げはさましてから、1個ずつラップで包む。しょうがのすりおろしはラップで包む。いっしょに冷凍用保存袋に入れて冷凍する。

保存期間 **冷凍で約3週間**

⇓

食べ方

さつま揚げは耐熱の器にのせてラップをふんわりとかけ、電子レンジ（600W）で**1分40秒**ほど温める。しょうがを添える。

かむのむ POINT

野菜は、アジといっしょにフードプロセッサーで攪拌し、ミンチ状にすると、なめらかで食べやすくなります。

エビの甘酢漬け

エビを甘酢に漬けて冷凍することで、味がしっかりなじみます。
軽く揚げてあるため、殻ごと食べられます。

材料 (4人分)

エビ…20尾(300g)

a
- 酒…大さじ1/2
- 塩…少量
- こしょう…ミニスプーン1/2(0.5g)

b
- 長ねぎのみじん切り…大さじ3
- 酢…大さじ4
- 酒・砂糖…各大さじ2
- しょうゆ…小さじ1
- 塩…小さじ1/2

揚げ油…適量
小ねぎのみじん切り…大さじ1(5g)

作り方

1 エビは殻ごと背わたをとり除き、**a**をからめて10分ほど漬けておく。

2 **b**は合わせておく。

3 **1**のエビの水けをキッチンペーパーでていねいにふきとる。160度の揚げ油に**1**のエビを入れて1分ほど揚げる。**2**に3時間以上（できたら一日）漬け込む。器に盛り、小ねぎを散らす。

お届け方法

1人分を冷凍用保存袋に漬け汁ごと入れて密閉し、冷凍する。

保存期間 冷凍で約3週間

⇓

食べ方

冷凍用保存袋ごと、電子レンジ(600W)で**1分30秒**ほど温め、器に盛る。

かむのむ POINT

エビは殻をむいて、一口大に切れば歯が強くなくても大丈夫。さらに素揚げではなく、かたくり粉をまぶして揚げるとのど越しがよくなります。

1人分
117kcal
塩分**1.2**g

青のり入り卵焼き

保水性のあるかたくり粉を加えると、解凍後もしっとりしておいしい。

材料　(4人分)

卵…4個
青のり…小さじ1/2
砂糖…小さじ4
かたくり粉…小さじ2
うす口しょうゆ
　…小さじ1
サラダ油…大さじ1/2
大根おろし…80g

作り方

1 砂糖とかたくり粉をよく混ぜる。

2 卵に**1**、うす口しょうゆ、青のりを加えて混ぜる。

3 卵焼き器に油を熱して余分な油をキッチンペーパーでふきとる。**2**の卵液を1/3量流し入れ、菜箸《さいばし》で大きくかき混ぜ、半熟状になったら手前から巻いて奥に寄せる。ふきとったペーパーで油を足し、**2**の卵液の残りの半量を流し入れ（奥に寄せた卵を持ち上げて下にも）、同様にくり返す。焼き終わったら、ラップにのせて形を整える。

4 8等分に切って器に盛り、水けを軽くきった大根おろしを添える。

かむのむ POINT

食べるとき（解凍後）に表面がかわいていると誤嚥《ごえん》しやすいので、深さのある耐熱皿にだしを1cmほど入れて卵焼きをのせ、温めましょう。

お届け方法

卵焼きをさましてから、1人分をラップで包む。大根おろしも1人分をラップで包み、冷凍用保存袋にいっしょに入れて冷凍する。

保存期間　**冷凍で約3週間**

⇓

食べ方

卵焼きと大根おろしは保存袋に入れたまま、電子レンジ（600W）で**20秒**ほど温め、大根おろしを取り出す。卵焼きはさらに電子レンジで**40秒**温め、器に盛る。

高野豆腐の射《い》込《こ》み煮

中の具に豆腐も混ぜることで、解凍後もふっくらします。

材料 （4人分）

高野豆腐…4枚（66g）
にんじん…1/3本（50g）
グリーンピース…10g

肉だね

- 鶏ひき肉…100g
- もめん豆腐…100g
- かたくり粉…小さじ2
- ひじき…乾3g
- 塩…1g

a

- だし…2カップ
- みりん…大さじ3
- 酒…大さじ1
- 砂糖…小さじ1〜2

うす口しょうゆ…各大さじ1
塩…小さじ1/3

- かたくり粉…小さじ1
- 水…水小さじ2

作り方

1 ひじきは水でもどす。高野豆腐は60〜70度の湯に10分ほどつけてもどす。にんじんは厚さ3mm、3×1.5cmの短冊切りにする。

2 ボールにひき肉を入れ、塩を加えて粘りけが出るまでよくこね、かたくり粉、豆腐、**1**のひじきを加えてさらに混ぜる。

3 **1**の高野豆腐は水につけて絞り、2等分に切って真ん中に切り込みを入れ、**2**の肉だねを詰める。

4 なべに**a**を入れて温め、**3**を加えて弱火で5分煮る。うす口しょうゆと塩で調味し、グリーンピース、にんじんを加え、弱火で10分煮る。ひと煮立ちしたら、水どきかたくり粉をまわし入れてとろみをつける。

お届け方法

さましてから、1人分を電子レンジ対応容器に入れてふたをし、冷凍する。

保存期間 冷凍で約3週間

⇓

食べ方

容器のふたをとってラップをふんわりとかけ、電子レンジ（600W）で**1分20秒**温め、**返して1分20秒**ほど温め、器に盛る。

副菜

1人分
104kcal
塩分**0.7**g

三色きんぴら

冷凍に向かないじゃが芋も、細切りならシャキシャキの食感に！

材料（4人分）

ピーマン・赤ピーマン
…各3個（各120g）

じゃが芋…1個（150g）

ごま油…大さじ1

砂糖・みりん・しょうゆ
…各大さじ1

いり白ごま（好みで）
…大さじ1

作り方

1 じゃが芋、ピーマンはそれぞれせん切りにし、じゃが芋は水に1分さらす。

2 フライパンにごま油を熱して**1**を入れて強火で3分いためる。じゃが芋が透き通ってきたら、砂糖、みりん、しょうゆを加え、水分をとばしながら中火で4分いため、器に盛り、好みでごまを散らす。

かむのむ POINT

特にやわらかくしたい場合は、「作り方2」のいため始めに水1/2カップほどを加えて、やわらかく煮てから、調味料を加えましょう。水分はしっかりとばします。食べるときに、電子レンジで解凍せず、だし（または水）少量と煮るとよいでしょう。ごまがのどにひっかかりやすい人は、加えないように。

お届け方法

さましてから、1人分をラップで包み、冷凍用保存袋に入れて冷凍する。

保存期間 **冷凍で約3週間**

⇓

食べ方

ラップに包んだまま、耐熱の器にのせて電子レンジ（600W）で**50秒**ほど温め、器に盛る。

1人分
86kcal
塩分**1.1**g

ひじきとれんこんのいため煮

ひじきをしっかりもどしてから煮るのがポイントです。

材料（4人分）

ひじき…乾10g
れんこん…小1節（130g）
にんじん…1/5本（30g）
赤とうがらし…1/2本
しょうゆ・みりん
　…各大さじ1と1/2
砂糖…大さじ1
ごま油…大さじ1

かむのむ POINT

比較的細く短い芽ひじきを選ぶと食べやすくなります。長ひじきを使うときや飲み込みづらいときは、もどした後に刻みましょう。白あえのもと（P.35）であえると、のど越しがよくなります。

作り方

1 ひじきは水でもどす。れんこんとにんじんは厚さ2〜3mmのいちょう切りにする。

2 フライパンにごま油を強火で熱し、赤とうがらしを加えていためる。油に香りが移ったら赤とうがらしをとり出し、**1**のれんこんとにんじんを加えて中火で2分いためる。ひじきの水けをよくきって加え、中火で1分いためる。

3 れんこんが透き通ってきたら、しょうゆ、みりん、砂糖を加えて、弱火で煮汁がなくなるまで煮含める。

お届け方法

さましてから、1人分をラップで包み、冷凍用保存袋に入れて冷凍する。

保存期間 冷凍で約3週間

⇓

食べ方

ラップに包んだまま、耐熱の器にのせて電子レンジ（600W）で**40秒**ほど温め、器に盛る。

1人分
65kcal
塩分**0.5**g

キャロットラペ

そのまま食べるのはもちろん、サラダに混ぜるのもおすすめです。

材料　**(4人分)**

にんじん…2本(300g)
塩…小さじ1/2
a
- ホワイトバルサミコ酢(または白ワインビネガー)…小さじ2
- オリーブ油…大さじ1と1/3
- こしょう…少量

パセリのみじん切り(好みで)…小さじ1/4

作り方

1 にんじんはせん切りし、塩をふってしんなりするまでおく。

2 ボールに**a**を順に入れ、よく混ぜ合わせる。

3 **1**のにんじんの水けを軽く絞り、**2**に加えて混ぜ、パセリを加えて混ぜる。

かむのむ POINT

にんじんに塩をふるとしんなりしますが、それでもかたさが気になる場合は、塩をふらずにゆでるか、または電子レンジ(600W)で1分加熱しましょう。パセリがのどにひっかかりやすい人は、加えないように。

お届け方法

さましてから、1人分をラップで包み、冷凍用保存袋に入れて冷凍する。

保存期間　**冷凍で約3週間**

⇓

食べ方

ラップに包んだまま、耐熱の器にのせて電子レンジ(600W)で**30秒**ほど温め、器に盛る。

1人分
137kcal
塩分**0.5**g

かぼちゃサラダ

甘みのあるかぼちゃに、マスタードがアクセントになっています。

材料 （4人分）

かぼちゃ…1/4個（290g）
玉ねぎ…1/4個（50g）
マヨネーズ…大さじ3
粒入りマスタード…小さじ1
塩…小さじ1/4
こしょう（またはナツメグ）…少々
パセリのみじん切り（好みで）…小さじ2

作り方

1 かぼちゃは蒸して皮をとり除き、つぶす。玉ねぎはみじん切りにして、水にさらす。

2 **1**の玉ねぎの水けをきり、**1**のかぼちゃとマヨネーズ、粒入りマスタード、塩、こしょう、好みでパセリを加えてよく混ぜ合わせる。

かむのむ POINT

マスタードは、粒タイプを練りタイプに代えると誤嚥《ごえん》の心配が減ります。パセリがのどにひっかかりやすい人は、加えないように。

お届け方法

さましてから、1人分をラップで包み、冷凍用保存袋に入れて冷凍する。

保存期間 **冷凍で約3週間**

⇓

食べ方

ラップに包んだまま、耐熱の器にのせて電子レンジ（600W）で**1分30秒**ほど温め、器に盛る。

汁物

ブロッコリーのポタージュ

ブロッコリーはミキサーで花蕾《からい》を細かくして食べやすさをアップ。

材料（2人分）

ブロッコリー…1個（150g）
玉ねぎ…1/4個（30g）
オリーブ油…小さじ1
ブイヨン…1と1/2カップ
牛乳…1と1/4カップ
塩…小さじ1/4
ナツメグ（好みで）…少量

1人分
145kcal
塩分**1.5**g

作り方

1. 玉ねぎは薄切りにし、ブロッコリーは小房に分ける。
2. なべにオリーブ油を熱し、**1**の玉ねぎを入れて3分いため、しんなりしたらブロッコリーを加え、さっといためる。
3. ブイヨンを加え、弱火で5分ほどやわらかくなるまで煮る。ミキサーに移して攪拌《かくはん》する
4. なべに**3**を戻し入れ、牛乳を加え、塩、ナツメグで調味する。

お届け方法

さましてから、1人分を電子レンジ対応容器に入れてふたをし、冷凍する。

保存期間 冷凍で約3週間

⇓

食べ方

容器のふたをとってラップをふんわりとかけ、電子レンジ（600W）で**3分30秒**ほど温め、器に盛る。

しいたけのポタージュ

しいたけのうま味が存分に味わえます。豆乳は牛乳に代えても。

材料（2人分）

生しいたけ
　…大4〜5枚（100g）
玉ねぎ…1/2個（100g）
オリーブ油…小さじ1
水…1と1/2カップ
豆乳…3/4カップ
塩…小さじ1/4
こしょう…少量
焼き麩《ふ》…2個（2g）

1人分
99kcal
塩分**0.7**g

作り方

1. しいたけは石づきをとって薄切りにし、玉ねぎは薄切りにする。
2. なべにオリーブ油を熱し、**1**の玉ねぎを入れて3分いため、透き通ってきたらしいたけを加え、さっといためる。
3. 水を加え、弱火で5分ほどやわらかくなるまで煮る。ミキサーに移して攪拌する。
4. なべに**3**を戻し入れ、豆乳を加え、塩、こしょうで調味する。器に盛り、焼き色がつくまで軽くトーストした焼き麩をのせる。

お届け方法

さましてから、1人分を電子レンジ対応容器に入れてふたをし、冷凍する。

保存期間 冷凍で約3週間

⇓

食べ方

容器のふたをとってラップをふんわりとかけ、電子レンジ（600W）で**3分**ほど温め、器に盛る。

れんこんのすり流し

れんこんのでんぷん質でとろみがつくので、かたくり粉がいりません。

材料（2人分）

れんこん…1/2節（70g）
だし…1と1/2カップ

a
- うす口しょうゆ…小さじ1
- 酒…大さじ1/2
- 塩…小さじ1/4

焼き麩《ふ》…2枚（2g）

1人分
36kcal
塩分**1.3**g

作り方

1. れんこんは皮をむいて水に5分ほどさらし、アクを除く。
2. なべにだしを温め、**a**を加える。
3. れんこんは水けをきっておろし金ですりおろし、**2**に加える。
4. 2〜3分弱火にかけ、煮立ったらアクを除きながら2〜3分煮る。器に盛り、焼き色がつくまで軽くトーストした焼き麩をのせる。

お届け方法

さましてから、1人分を電子レンジ対応容器に入れてふたをし、冷凍する。

保存期間 冷凍で約3週間

⇓

食べ方

容器のふたをとってラップをふんわりとかけ、電子レンジ（600W）で**3分**ほど温め、器に盛る。

にんじんのすり流し

隠し味のしょうががにんじんの甘味を引きしめます。

材料（2人分）

にんじん…1/2本（50g）
だし…1と1/2カップ

a
- 塩…小さじ1/4
- うす口しょうゆ…小さじ1/2〜1

- かたくり粉…小さじ1
- 水…小さじ2

しょうが汁…小さじ1/2

1人分
18kcal
塩分**1.0**g

作り方

1. なべにだしを温め、にんじんをおろして加え、弱火で4〜5分煮る。
2. **a**を加え、水どきかたくり粉をまわし入れてとろみをつける。
3. 器に盛り、しょうが汁を加える。

お届け方法

さましてから、1人分を電子レンジ対応容器に入れてふたをし、冷凍する。

保存期間 冷凍で約3週間

⇓

食べ方

容器のふたをとってラップをふんわりとかけ、電子レンジ（600W）で**3分**ほど温め、器に盛る。

1人分
100kcal
塩分 0.7g

白菜のとろとろスープ

白菜は煮るととろとろにやわらかくなるので、芯《しん》ごと入れてOK。

材料（2人分）

白菜（やわらかい葉）
　…100g
だし…2カップ
卵…2個
ゆずこしょう…小さじ1/2
［かたくり粉…小さじ1
　水…小さじ2
ゆずの皮…適量

作り方

1 白菜は食べやすい大きさに切る。

2 なべにだし、**1**の白菜を入れ、ふたをして5分、白菜がやわらかくなるまで煮る。水どきかたくり粉をまわし入れてとろみをつける。

3 卵をよくときほぐし、ゆずこしょうを少しずつ加える。

4 **2**を煮立たせ、**3**を少しずつまわし入れ、火を消してふたをして1分ほど蒸らす。器に盛り、ゆずの皮を添える。

かむのむ POINT

やわらかく煮ていますが、心配なときは、食べるときに、電子レンジで解凍せず、水少量と煮るとよいでしょう。

お届け方法

さましてから、1人分を電子レンジ対応容器に入れてふたをし、冷凍する。

保存期間 冷凍で約3週間

⇓

食べ方

容器のふたをとってラップをふんわりとかけ、電子レンジ（600W）で**4分30秒**ほど温め、器に盛る。

一品で

1人分
411kcal
塩分**2.3**g

エビとほうれん草のグラタン

エビをホタテ貝やサケ、鶏肉に代えてアレンジできます。

材料

(3個分・容量300mlの容器)

エビ…9尾(135g)
ほうれん草…60g
玉ねぎのあらみじん切り
…1/2個分(100g)
マカロニ…90g
オリーブ油…小さじ1
小麦粉…大さじ3
牛乳…2と1/2カップ
白ワイン…大さじ1
塩…小さじ1
とろけるチーズ…60g

※器はオーブン・電子レンジ対応のものを使用する。

作り方

1 なべに湯をたっぷり沸かし、マカロニを袋の表示通りにゆでる。エビは殻をむいて背わたを除く。ほうれん草はかためにゆで、長さ2cmに切る。

2 ボールに小麦粉と塩を入れ、牛乳を少しずつ加え、よく混ぜておく。

3 フライパンで玉ねぎ、オリーブ油を3分ほどいため、玉ねぎが透き通ってきたら、エビを加えて2分いため、ワインを加える。エビをとり出す。

4 **3**に**2**を一度に加えて強火で1分煮る。とろみがついたら、マカロニ、ほうれん草、エビを加えて混ぜ合わせる。器に等分に入れ、チーズを等分にのせ、230度に予熱したオーブンで10分焼く。

お届け方法

さましてから、器にラップをぴっちりとかけ、冷凍用保存袋に入れて冷凍する。

保存期間 **冷凍で約3週間**

⇓

食べ方

ラップをふんわりとかけ直し、電子レンジ(600W)で**4分**ほど温める。

1人分
355kcal
塩分**0.9**g

お好み焼き

豚肉を細かく切って食べやすくしました。野菜もとれて安心です。

材料（4人分・4枚）

キャベツ…3枚分（200g）
豚ロース薄切り肉…160g
卵…2個
長芋のすりおろし…100g
サクラエビ…乾20g
小麦粉…3/4カップ
サラダ油…大さじ2
お好み焼き用ソース
　…大さじ2
青のり…大さじ1
カツオ節…20g

作り方

1 キャベツはせん切りにする。豚肉は幅1～2cmに切る。

2 ボールに**1**のキャベツと豚肉、卵、長芋、サクラエビ、小麦粉を入れ、よく混ぜ合わせる。

3 フライパンに油を熱し、**2**を4等分にして入れ、2分焼く。返してふたをして弱火で5分焼く。残りも同様に焼く。

4 器に**3**を盛り、お好み焼き用ソースをかけ、青のり、カツオ節をふる。

お届け方法

さましてから、1人分をラップで包み、冷凍用保存袋に入れて冷凍する。

保存期間 冷凍で約3週間

⇓

食べ方

ラップをはずして器にのせ、ラップをふんわりとかけ、電子レンジ（600W）で**2分30秒**ほど温める。途中で返す。

ごはんのお供

ごはんが好きな親世代に喜ばれる保存食。
旬の時期に作って冷凍しましょう。

お届け方法　さましてから、容器に入れてふたをし、冷凍する。

保存期間　**冷凍で約3週間。解凍後、冷蔵で約3週間**

⇓

食べ方　届けたら、冷蔵庫に入れて解凍しておく。

ひねしょうがで作るときは、ゆでこぼしを

新しょうがの佃煮

小さじ1量
4kcal
塩分**0.1**g

材料（作りやすい分量）

新しょうが…300g

a
- 酒・みりん…各大さじ6
- しょうゆ…大さじ5
- 砂糖…大さじ1と1/2

いり白ごま…大さじ3

カツオ節（好みで）…10g

作り方

1 しょうがは幅2〜3mmのせん切りにし、さっとゆでて水に10分さらす。

2 なべに**a**を入れ、**1**のしょうがの水けをきって加え、中火で10分ほど煮含める。ごまとカツオ節を加えて混ぜる。

気軽にたんぱく質をちょい足しできます

サケフレーク

大さじ1量
29kcal
塩分**0.3**g

材料（作りやすい分量）

塩ザケ
　…2切れ（1切れ100g）

酒…大さじ1

作り方

1 塩ザケは酒をふり、魚焼きグリルで中火で8分焼く。

2 あら熱がとれたら、手でほぐし、皮はキッチンばさみで切り、保存容器に入れる。
※皮が苦手であれば、入れなくても。

ふきのとうのほろ苦さが春の味わい

ふきみそ

小さじ1量
6kcal
塩分**0.1**g

材料（作りやすい分量）

ふきのとう…100g

砂糖・だし…各大さじ1

みそ…大さじ1

ごま油…小さじ2

作り方

1 ふきのとうは洗ってざく切りにし、水けをきる。

2 フライパンにごま油を熱し、**1**のふきのとうを入れて中火で3分いためる。

3 ふきのとうがしんなりしたら、砂糖、だしを加えよく混ぜ、みそを加えて混ぜる。

3章

やっぱりうれしいごはんもの！
「冷凍丼」と「炊き込みごはん」

おかずとごはんがいっしょになっている丼物は、
親がおかずを選ぶ必要もなく、
この一品でも食事になるのでとても便利。
そのまま冷凍・解凍することができます。
炊き込みごはんは、シニア世代にとても人気。
旬の具材を入れれば、季節の便りにもなります。
食欲がないときにもおすすめです。

丼物

電子レンジOKのお弁当箱を利用すれば、そのまま冷凍・解凍して食べることができます。

麻婆なす丼

なすは最初に電子レンジで加熱しておくことで、
彩りよく、とろりと食べやすくなります。
なすを水切りした豆腐に代えてもOK！

材料 （2人分）

なす…3本（240g）
豚ひき肉…100g
長ねぎのみじん切り…1/2本分（50g）
にんにくのみじん切り…1/2かけ分（6g）

a
- 甜麺醤《てんめんじゃん》…大さじ2/3
- 豆板醤《とうばんじゃん》…小さじ1

ごま油…大さじ1

b
- 水…1カップ
- 酒…大さじ1
- しょうゆ…小さじ1/2
- 砂糖・顆粒中華スープのもと…各大さじ1/2

- かたくり粉…大さじ1/2
- 水…大さじ1

こしょう…少量
花椒《ほわじゃお》の粉末（好みで）…適量
ごはん…300g
小ねぎの小口切り（好みで）…大さじ1（7g）

作り方

1. なすはへたをとり、1本ずつラップで包み、電子レンジ（600W）で3分加熱する。さめたら幅1cmに切る。
2. **a**、**b**はそれぞれ合わせておく。
3. なべにごま油を熱し、ひき肉を入れて菜箸《さいばし》でほぐしながら2分いため、パラパラに仕上げる。
4. **a**とにんにくを加えていため、香りが立ったら、**b**、**1**のなすを加えて3分煮る。長ねぎを加え、5分ほど煮込む。
5. 水どきかたくり粉をまわし入れてとろみをつけ、塩、こしょうで調味する。器に盛り、好みで花椒をふる。
6. 器にごはんを盛り、**5**をのせ、好みで小ねぎを散らす。

お届け方法

さましてから、1人分を電子レンジ対応容器に入れてふたをし、冷凍する。

保存期間 冷凍で約3週間

⇓

食べ方

容器のふたをとってラップをふんわりとかけ、電子レンジ（600W）で**5分**ほど温める。

1人分
523kcal
塩分3.1g

三色丼

彩りのよい具で食欲アップ！　さやえんどうは、ほうれん草でも。

材料　（2人分）

そぼろ

- 鶏ひき肉…100g
- だし…1/4カップ
- しょうゆ…大さじ1
- 砂糖…小さじ2
- 酒…小さじ1
- しょうが汁…小さじ1

いり卵

- 卵…2個
- 卵黄…1個
- 砂糖…大さじ1
- 塩…ひとつまみ
- 水…大さじ1

さやえんどう…10枚（30g）

ごはん…300g

作り方

1. そぼろを作る。なべにだしと鶏ひき肉を加え、かたまらないようにかき混ぜながら、火にかける。しょうゆ、砂糖、酒、しょうが汁を加え、汁けがなくなるまで煮る。
2. いり卵を作る。なべに卵と卵黄をときほぐし、砂糖、塩、水を加えて混ぜる。弱火にかけ、菜箸《さいばし》でかき混ぜながら、やわらかい半熟状にする。
3. さやえんどうはやわらかくゆでて、細かく刻む。
4. 器にごはんを盛り、**2**のいり卵、**1**のそぼろ、**3**のさやえんどうをのせる。

お届け方法

さましてから、1人分を電子レンジ対応容器に入れてふたをし、冷凍する。

保存期間　冷凍で約3週間

⇓

食べ方

容器のふたをとってラップをふんわりとかけ、電子レンジ（600W）で**4分**ほど温める。

かむのむ POINT

いり卵やそぼろをそれぞれすり鉢に入れ、すりこ木ですりつぶすと食べやすくなります。ごはんをおかゆ（P.33）に代えても。食べるときにとろみをつけただしをかけるのもおすすめです。

1人分
460kcal
塩分**2.7**g

野菜たっぷり牛丼

牛肉にピーマン、玉ねぎも加えれば、栄養バランスのよい丼に。

材料（2人分）

牛もも薄切り肉…200g
玉ねぎ…1/2個（100g）
ピーマン・赤ピーマン
…各1個（各40g）
しょうが…1かけ（15g）
水…1/2カップ
a
- しょうゆ・酒・みりん
…各大さじ2
- 砂糖…大さじ1

ごはん…300g
いり白ごま（好みで）
…小さじ1/2

作り方

1 牛肉は一口大に切る。ピーマンは横に幅2～3mmの細切りに、玉ねぎは薄切りにし、しょうがはせん切りにする。

2 なべに分量の水1/2カップを入れて強火で煮立たせ、**1**のピーマンと玉ねぎ、しょうがを加えやわらかくなるまで中火で2～3分煮る。

3 **a**を加えて煮立たせ、**1**の牛肉を加えて牛肉に火が通るまで、1分ほど加熱する。

4 器にごはんを盛り、**3**をのせて好みでごまを散らす。

お届け方法

さましてから、1人分を電子レンジ対応容器に入れてふたをし、冷凍する。

保存期間 冷凍で約3週間

⇓

食べ方

容器のふたをとってラップをふんわりとかけ、電子レンジ（600W）で**4分**ほど温める。

かむのむ POINT

牛肉、ピーマン、玉ねぎの長さを短くするなどしてから、やわらかく煮ましょう。ごまがのどにひっかかりやすい人は加えないように。

1人分
350kcal
塩分1.6g

1人分
506kcal
塩分2.1g

シラス丼

味の決め手は梅おかか。多めに作ってごはんのお供にしても。

材料 (2人分)

シラス…大さじ2

薄焼き卵

- 卵…1個
- 砂糖…小さじ1
- かたくり粉…小さじ1/2
- 塩…ミニスプーン1/2(0.5g)

サラダ油…小さじ1

梅おかか

- 梅干し…1/2個
- カツオ節…5g
- つくりおきめんつゆ(P.36)…小さじ1
- いり白ごま…大さじ1/2

さやえんどう…2枚(6g)

ごはん…300g

作り方

1 シラスは熱湯に通す。さやえんどうはさっとゆで、横に幅2〜3mmに切る。

2 薄焼き卵を作る。ボールに卵をときほぐし、砂糖、かたくり粉、塩を加えてよく混ぜる。直径18cmのフライパンに油を熱し、卵液を流し入れて1分焼き、返して30秒焼く。さまして5mm角に切る。

3 梅おかかを作る。梅干しをたたき、カツオ節とめんつゆ、ごまを加えて混ぜる。

4 器にごはんを盛り、**3**の梅おかかをのせる。**2**の薄焼き卵と**1**のさやえんどうを散らし、**1**のシラスをのせる。

お届け方法

さましてから、1人分を電子レンジ対応容器に入れてふたをし、冷凍する。

保存期間 冷凍で約3週間

⇓

食べ方

容器のふたをとってラップをふんわりとかけ、電子レンジ(600W)で**3分**ほど温める。

かむのむ POINT

飲み込みが心配な親には、ごはんにもずく酢(市販)をあえると食べやすくなります。ごはんにもずく酢をあえてから冷凍する、または、食べるときにもずく酢を加えて全体に混ぜるとよいでしょう。

サケのり丼

のりはのどに貼《は》りつきやすいので細かく切るのがおすすめです。

材料 (2人分)

甘塩ザケ…2切れ(1切れ100g)

そら豆…10個(30g)

三色きんぴら(P.84参照)…1回分(80g)

のりの細切り…適量

ごはん…300g

作り方

1 サケは魚焼きグリルで7〜8分焼く。

2 そら豆はゆでてさやから出す。

3 器にごはんを盛り、のりをのせる。**1**の焼きサケ、**2**のそら豆、三色きんぴらを盛り合わせる。

お届け方法

さましてから、1人分を電子レンジ対応容器に入れてふたをし、冷凍する。

保存期間 冷凍で約3週間

⇓

食べ方

容器のふたをとってラップをふんわりとかけ、電子レンジ(600W)で**4分**ほど温める。

かむのむ POINT

骨が苦手な親には、サケをほぐしてのせます。むせやすい親には、そら豆が誤ってのどに入ることもあるため、つぶすとよいでしょう。

甘辛豚丼

豚肉は、ヒレ肉がやわらかくおすすめです。甘辛ねぎだれがくせに。

材料 （2人分）

豚ヒレ肉…300g
こしょう…少量
ごま油…小さじ3
ししとうがらし…6本（24g）

a
- 酒…大さじ1
- みりん…大さじ2
- しょうゆ…大さじ2
- 黒砂糖（またはきび砂糖）…小さじ2
- しょうが汁…小さじ1

細ねぎの斜め小口切り…大さじ2
ごはん…300g

作り方

1 なべに**a**をすべて入れ、中火で2分加熱し、さましておく。細ねぎを加える。

2 豚肉は幅1〜2cmに切り、包丁の背でたたき、こしょうをふる。

3 フライパンにごま油小さじ1を熱し、ししとうを1分転がしながら焼き、とり出す。ごま油小さじ2を足し、**2**の豚肉を入れて2〜3分焼く。**1**の甘辛ねぎだれを加えてからめる。

4 器にごはんを盛り、**3**、とり出しておいたししとうをのせる。

お届け方法

さましてから、1人分を電子レンジ対応容器に入れてふたをし、冷凍する。

保存期間 冷凍で約3週間

⇓

食べ方

容器のふたをとってラップをふんわりとかけ、電子レンジ（600W）で**4分**ほど温める。

1人分
588kcal
塩分**1.4**g

サーモンアボカド丼

お刺し身が好きな親に、霜降りのサーモンを使って！

材料 (2人分)

サーモン(刺し身用さく)
…160g
アボカド…1個(140g)
しょうゆ…大さじ1
いり白ごま(好みで)
…少量
青じそのせん切り(好みで)
…4枚(4g)
ごはん…300g

作り方

1 サーモンはざるに並べて湯をかけて霜降りにする。厚さ1.5～2cmに切り、しょうゆに30分以上つける。

2 アボカドは2cm角に切る。

3 器にごはんを盛り、**1**のサーモン、**2**のアボカドを盛り合わせ、好みでごまをふり、青じそをのせる。

かむのむ POINT

アボカドの熟し具合、やわらかさによっては、薄く切るのがよいでしょう。ごまがのどにひっかかりやすい人は加えないように。

お届け方法

ごはんはラップに包み、サーモンとアボカドはいっしょにラップに包み、冷凍用保存袋に入れ、金属製のバットにのせて冷凍する。

保存期間 冷凍で約2週間

⇓

食べ方

ごはんはラップをあけ、電子レンジ(600W)で**1分30秒**ほど温めて、器に盛る。サーモンとアボカドは電子レンジで**30秒**ほど温め、あつあつのごはんにのせる。

炊き込みごはん

旬の食材を使って、季節が感じられる炊き込みごはん。
具が入っているので、食欲がないときの軽い食事にもなります。

竹の子ごはん

桜ごはん

芽株わかめとサクラエビの
炊き込みごはん

栗おこわ

きのこごはん

さつま芋ごはん

竹の子ごはん

いっしょに、鶏肉や油揚げを煮るのもおすすめです。

材料 （4〜5人分）

1/4量
301kcal
塩分**1.3**g

米…2合（300g）
ゆで竹の子…小1本（約200g）

a
- だし…1カップ
- しょうゆ・みりん…各大さじ2/3
- 砂糖…小さじ2/3

b
- 酒…大さじ1
- しょうゆ…小さじ1
- 塩…小さじ1/2

だし（または水）…適量
木の芽…適量

作り方

1 米は洗ってざるにあげて30分おく。

2 竹の子はいちょう切りにし、なべに入れ、**a**を加えて10分煮含める。

3 炊飯器の内釜に**1**の米を入れ、1合の目盛りまでだし（または水）を注ぎ入れて30分おく。**b**を加え、**2**の煮汁を加え2合の目盛りまで注ぎ入れ、普通に炊く。

4 炊き上がったら**2**の竹の子をのせて7〜8分蒸らし、竹の子をさっくりと混ぜる。器に盛って木の芽を飾る。

かむのむ POINT

竹の子はやわらかい穂先のみを使い、しっかり煮ましょう。

お届け方法
炊き込みごはん共通

さましてから、1人分を電子レンジ対応容器に入れてふたをし、冷凍する。

保存期間 **冷凍で約3週間**

⇓

食べ方

容器のふたをとってラップをふんわりとかけ、電子レンジ（600W）で**2〜3分**温め、器に盛る。

竹の子の下処理

1 竹の子は泥を落とし、先端を斜めに切って切り込みを入れ、皮のついたままなべに入れる。ぬかをひとつかみ加え、水をたっぷりと注ぎ、30分ほどゆでる。ゆで汁につけたまま完全にさます。
※ゆでる時間は、とりたてで30分、とりたてではない場合は1時間を目安に。

2 竹の子のかたい皮を底のほうからくるりとむく。竹の子はたっぷりの水に1時間さらし、アクを抜く。
※とりたての竹の子は、水にさらさなくてかまいません。

芽株わかめとサクラエビのごはん

春の海の味覚をとり合わせたごはん。

材料　(4～5人分)

1/4量
290kcal
塩分**0.7**g

米…2合(300g)
芽株わかめ…80g
サクラエビ…10g
だし(または水)…360ml
みりん・しょうゆ…各小さじ2

作り方

1 米は洗ってざるにあげて30分おく。

2 炊飯器の内釜に**1**の米を入れ、だしを加えて30分おく。みりん、しょうゆを加え、2合の目盛りまでだし(または水)を注ぎ入れる。サクラエビと芽株わかめをのせて普通に炊く。

かむのむ POINT

サクラエビは細かく刻んで炊くと、飲み込みやすくなります。

桜ごはん

桜の花の塩漬けが春の訪れを感じさせます。

材料　(4～5人分)

1/4量
274kcal
塩分**0.5**g

米…2合(300g)
桜の花の塩漬け…20g
酒…大さじ1

作り方

1 米は洗ってざるにあげて30分おく。

2 桜の花の塩漬けは水1カップ(分量外)に10分さらして塩出しをし、水けを絞る。飾り用に少しとり分け、残りは細かく刻む。

3 炊飯器の内釜に**1**の米を入れ、1合の目盛りまで水(分量外)を注ぎ入れ、酒を加えて30分おく。2合の目盛りまで水(分量外)を加え、**2**の桜の花の塩漬けの半量を加え、普通に炊く。

4 炊きあがったら、**2**の残りの桜を加えてさっくりと混ぜる。器に盛って飾り用にとり分けておいた桜の花を飾る。

きのこごはん

きのこは2種類以上入れ、味に深みを出して。

材料　(4～5人分)

1/4量
300kcal
塩分**1.2**g

米…2合(300g)
しめじ類…1袋(200g)
干ししいたけ…4枚(15g)
みりん・しょうゆ…各大さじ1
a ［ うす口しょうゆ…小さじ1
　　塩…ミニスプーン1(1g)
菊の花…適量
ゆでにんじん…適量

作り方

1. 米は洗ってざるにあげて30分おく。
2. 干ししいたけは水にもどす。
3. しめじ類は石づきをとってほぐし、**2**の干ししいたけは薄く切る。
   ※もどし汁は米を炊くときに使用する。
4. なべに**3**のしめじ類と、干ししいたけをもどし汁ごと加えて火にかけ、煮立ったら、みりん、しょうゆを加えて弱火で3分煮る。
5. 炊飯器の内釜に**1**の米を入れ、1合の目盛りまで水(分量外)を注ぎ入れて30分おく。**4**の煮汁、**a**を加え、2合の目盛りまで水(分量外)を注ぎ入れ、**4**のきのこをのせ、普通に炊く。炊き上がったら器に盛り、菊の花、型抜きしたゆでにんじんを飾る。

栗おこわ

やさしい栗の甘味と、黒ごまの風味がマッチ。

材料　(5～6人分)

1/5量
440kcal
塩分**1.0**g

米…2合(300g)
もち米…1合(150g)
栗…500g(殻を除いて350g)
酒…大さじ1
塩…小さじ1
いり黒ごま…適量

作り方

1. 米、もち米は合わせて洗ってざるにあげて30分おく。
2. 栗は底に包丁で切り込みを入れ、たっぷりの熱湯で5分ほどゆでて殻をむく。
3. 炊飯器の内釜に**1**の米を入れ、1合の目盛りまで水(分量外)を注ぎ入れて30分おく。酒を加えて3合の目盛りまで水(分量外)を注ぎ入れ、**2**の栗、塩をのせて普通に炊く。器に盛り、ごまを散らす。

かむのむ POINT

水を足し、軽く煮ることによって食べやすくなります。
ごまがのどにひっかかりやすい人は加えないように。

まだある!

具だくさん炊き込みごはん

ほかにもこんなごはんが親に好評でした。

とりごぼうごはん

鶏肉とごぼうを甘辛く煮て、炊き込みます。
＊1/4量　281kcal 塩分0.7g

材料と作り方（4〜5人分）

1. 米2合（300g）は洗ってざるにあげて30分おく。
2. 鶏もも肉小1枚（180g）は1〜2cm角に切る。ごぼう2/3本（100g）は笹がきごぼうにし、水にさらしてアクを除く。
3. フライパンにごま油小さじ1を熱して鶏肉、ごぼうを順にいため、みりん大さじ2、しょうゆ・酒各大さじ1を加えて2〜3分煮てざるで漉《こ》す。
4. 炊飯器の内釜に**1**の米を入れ、1合の目盛りまで水適量を加え、30分おく。**3**の煮汁を加え、2合の目盛りまで水適量を加え、普通に炊く。炊き上がったら**3**の鶏肉とごぼうを加えて蒸らす。三つ葉またはゆでた春菊各適量を刻んで加え、混ぜる。

中華おこわ

干ししいたけ、干し貝柱のうま味を存分に！
＊1/7量　357kcal 塩分1.1g

材料と作り方（7〜8人分）

1. もち米3合（450g）は洗ってざるにあげて30分おく。
2. 干ししいたけ3枚（6g）は水1カップでもどし、ゆで竹の子120gとともに1cm角に切る。干し貝柱3個（24g）は水1カップでもどしてほぐす。豚もも薄切り肉200gは幅3cmほどに切り、しょうゆ・酒各小さじ1で下味をつける。
3. フライパンにサラダ油大さじ1を熱し、**2**を加えて中火で1分いためてとり出す。ごま油大さじ1を足し、**1**の米を加えて弱火で3分いためる。
4. 炊飯器の内釜に**3**の米を入れ、中華スープ2カップ、うす口しょうゆ大さじ1、酒・砂糖各大さじ1、塩小さじ1/2を加える。3合の目盛りまで水適量を加え、**3**の具、グリーンピース30gを加え、普通に炊く。

さつま芋ごはん

こんぶだしに、甘いさつま芋が合います。

1/4量
315kcal
塩分**0.7**g

材料（4〜5人分）

米…2合
さつま芋…1/2本（100g）
塩…2g
みりん…小さじ2
こんぶ…1枚（2〜3cm）
水…適量
青じそのせん切り（好みで）…適量

作り方

1. 米は洗ってざるにあげて30分おく。
2. さつま芋はよく洗って、皮付きのまま厚さ5mmのいちょう切りにして水にさらす。
3. 炊飯器の内釜に**1**の米を入れ、塩、みりんを加え、2合の目盛りまで水（分量外）を注ぎ入れ、こんぶを加えて30分おき、普通に炊く。炊き上がったら器に盛り、青じそを散らす。

かむのむ POINT

水を足し、軽く煮ることにより、ほんのり甘い芋がゆになり、食べやすくなります。

お祝いごはん

誕生日などのお祝いの席にぴったりの赤飯と手まり寿司を紹介します。

赤飯

手まり寿司3種

赤飯

1人分
306kcal
塩分**0.3**g

あずきは割れやすいですが、ささげよりもふっくらと炊けるので
より食べやすくなります。

材料 （4人分）

もち米…2合（300g）
あずき…40g
黒ごま・塩…各適量

作り方

1 もち米は洗ってざるにあげて30分おく。

2 なべにあずき、水3〜4カップ（分量外）を入れて強火にかける。煮立ったら中火にしてアクを除きながら10分煮る。水1/2カップ（分量外）を加え、再び強火にかけ、煮立ったら水1/2カップ（分量外）を加える。これを3回ほどくり返す。ざるにあげてあずきと煮汁に分ける。

3 炊飯器の内釜に**1**のもち米を入れ、**2**の煮汁を加え、2合の目盛りまで水（分量外）を注ぎ入れて30分おく。**2**のあずきを加えて混ぜ、普通に炊く。

4 炊き上がったら、全体にさっくりと混ぜ合わせて器に盛り、ごま、塩をふる。

お届け方法

さましてから、1人分を電子レンジ対応容器に入れてふたをし、冷凍する。

保存期間 冷凍で約3週間

⇓

食べ方

容器のふたをとってラップをふんわりとかけ、電子レンジ（600W）で**2〜3分**温め、器に盛る。

かむのむ POINT

水を足し、軽く煮ることにより、食べやすくなります。完全に煮て、あずきがゆに仕上げてもよいでしょう。ごまがのどにひっかかりやすい人は加えないように。

手まり寿司3種

エビ、卵、サケで彩りよく仕上げました。

材料　**(4人分・3種類各8個)**

1人分
429kcal
塩分**1.5**g

すし飯

- 温かいごはん…約2合分(700g)
- 酢…1/4カップ
- 砂糖…大さじ1
- 塩…小さじ1/2

薄焼き卵

- 卵…1個
- 砂糖…小さじ1
- かたくり粉…小さじ1/2
- 塩…ミニスプーン1/2(0.5g)
- サラダ油…小さじ1

木の芽…8枚
サケそぼろ(市販品)…80g
黒ごま…小さじ1/2
エビ…8尾(80g)
グリーンピース…8粒

作り方

1 すし飯を作る。ボールなどにすし飯の材料を順に加え、よく混ぜてさます。

2 薄焼き卵を焼く。ボールに卵をときほぐし、砂糖、かたくり粉、塩を加えてよく混ぜる。フライパンに油を熱し、卵液を流し入れて火が通ったら30秒ほど焼く。さまして幅1mmくらいの細切りにする。

3 エビは殻と背わたをとり除き、かたくり粉(分量外)でよく洗い、さっとゆでる。水けをペーパータオルでふきとり、腹から包丁を入れて開く。

4 ラップに木の芽と錦糸卵1/8量ずつのせ、**1**のすし飯約30gをのせ、丸く丸める。同様に8個作る。

5 サケそぼろと黒ごまを混ぜてラップにのせ、**1**のすし飯約30gをのせ、丸く丸める。同様に8個作る。

6 ラップにグリーンピースとエビ1尾分の表を下にしてのせ、**1**のすし飯をのせ、丸く丸める。同様に8個作る。

お届け方法

1人分(3種類各2個)をラップに包んだまま、冷凍用保存袋に入れて冷凍する。

保存期間　**冷凍で約3週間**

⇓

食べ方

ラップをはずして器に盛り、ラップをふんわりとかけ、電子レンジ(600W)で**1分30秒**ほど温め、器に盛る。

かむのむ POINT

そぼろがやや誤嚥《ごえん》しやすいため、親がむせやすい場合は、1人ではなく誰かが見守っているときに食べてもらいましょう。

「親ごはん」をより食べやすくするくふう

年を重ねてくると、個人差があるものの、食べる機能が少しずつ落ちてきます。
親の食事の様子などから変化に気がついたら、
届けるごはんを少しくふうすることで、より安心して食べられるようになります。

アドバイス：府川則子　女子栄養大学准教授

加齢による機能低下を知りましょう

年を重ねると、次のような変化が生じ、食事に影響を及ぼします。

噛む力、飲み込む力が落ちる

高齢になると、噛む力や飲み込む力は弱くなり、食べづらくなります。これは舌やくちびる、ほおを動かす筋力の低下や、唾液の分泌の減少、じょうぶな歯が少なくなることなどが原因です。

飲み込む力が弱まると、繊維の多いものやパサパサしたもの、水のようなサラサラしたものなどがむせやすくなります。とろみをつけるなどのくふうで食べやすくなります（→P.114）。

気になる様子があったら嚥《えん》下《げ》機能について、一度専門医に診察してもらうと安心です。

【こんな様子があったら注意】

- ☑ 食事に時間がかかるようになった
- ☑ ときどきむせるようになった
- ☑ 軟らかいものしかたべなくなった
- ☑ 水分をあまりとりたがらなくなった
- ☑ 食べ物をお茶や味噌汁などで飲み込むことが多くなった
- ☑ 他人と食事をしなくなった

消化・吸収の機能が落ちる

加齢により、胃や腸などの消化器の働きは低下し、食べ物を消化・吸収する能力が落ちます。蠕動運動（食道から大腸にかけて食べ物を運ぶ動き）が弱くなったり、胃や小腸での消化液の分泌が少なくなったりすることが原因です。

また、噛む力が弱くなったり、入れ歯が合わなかったりすると、食べ物を充分に噛まずに飲み込むので、余計に胃や腸に負担をかけ、消化・吸収する力が落ちることにもつながります。

【こんな様子があったら注意】

- ☑ やせる
- ☑ 食が細くなる

噛《か》みやすくする・飲み込みやすくするくふう

親が「かみにくい」「ときどきむせる」など、やや噛む、飲み込む力の低下がみられてきたときに、食べやすくするくふうを紹介します。
本書の料理紹介ページで掲載している「かむのむPOINT」と合わせて参考にしてください※。

くふう 1

食べやすい食材を選ぶ

肉 筋が少ないヒレ肉や、適度に脂身のある部位が、加熱してもかたくなりにくい。薄切り肉もかみきりやすい。

魚介 加熱しても身がしまりにくい、適度に脂ののった魚がおすすめ。タラ、イワシ、アナゴ、ウナギ、カレイ、サーモン、アジ（皮をむく）、ブリ、ギンダラなど。刺し身もやわらかいので食べやすい。

きのこ きのこ類は、噛み切りにくいので、軸を除き、切り目を入れたり、みじん切りにしたりする。まいたけ、マッシュルーム、しめじ類は比較的食べやすい。

海藻類 ひじきは長ひじきより芽ひじきがおすすめ。長ひじきも刻めば食べやすくなります。わかめは充分にもどしてやわらかくすればだいじょうぶ。

くふう 2

やわらかくなるまで加熱する

　上あごと舌で押しつぶせるくらいにやわらかくなるまで加熱しましょう。大根、ブロッコリー、にんじん、カリフラワー、かぶ、白菜、キャベツなどの野菜、芋類は、加熱するとやわらかくなります。少し大きめにしても残歯や義歯で食べられます。ほうれん草、小松菜などの葉物野菜は葉先を選びますが、繊維が残りますので、必要に応じて細かく刻む必要があります。

くふう 3

パサつくものはしっとりさせる

パンやクッキーなどパサパサして唾液を吸いとられるものは、噛んで飲み込むのがじつはむずかしいもの。牛乳や汁物などに浸してしっとりさせるのもよいでしょう。

くふう 4

あんをかける

肉や魚、野菜や芋などは、煮汁をからませると飲み込みやすくなるので、あんをかけるのもよいでしょう。飲み込みづらいパサパサした食感の食べ物も、あんをまとわせると食べやすくなります。

※噛む、飲み込む機能には個人差がありますので、親の状況を見ながらとり入れてみてください。
なお、症状がすすんでいる場合には、一度、嚥《えん》下《げ》障害の専門の医師の診察を受けることをおすすめします。

くふう 5

切り目を入れる、食べやすく切る

肉は、脂身と赤身の間にある筋を切ったり、除いたりしましょう。野菜は繊維を断ち切るように切ったり、切り目を入れたりしましょう。皮は厚めにむきます。食べ物の噛みやすい厚さは5〜8mmくらいで、飲み込みやすい大きさは5〜8mm角くらいです。細かく刻みすぎると、かえって誤嚥する可能性があるので気をつけましょう。めん類は3〜5cm長さに切りましょう。

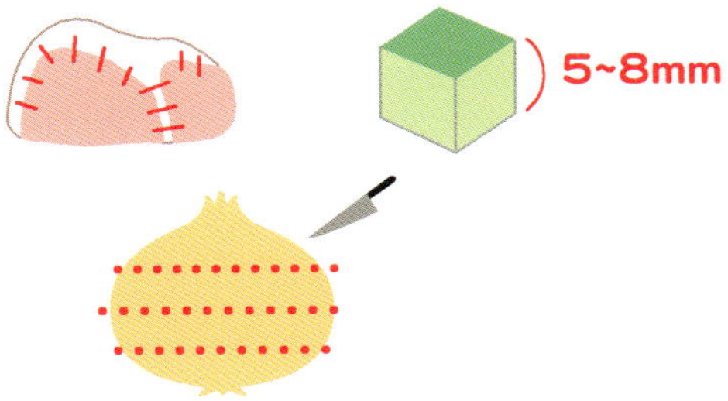

くふう 6

むせやすい酢の物は甘味をつける

酢やレモンなどの柑橘類などは、むせやすいもの。甘味をつけるとむせにくくなります。

くふう 7

とろみをつける

煮物などの煮汁やいため物などにとろみをつけると、具材と汁けがからみ、飲み込みやすくなります。汁物や飲み物などのサラサラした液体は速いスピードで咽頭を流れますので、気管に入り込み誤嚥しやすいので、じつは飲み込みづらいもの。とろみをつけるのはもちろん、ゼラチンでやわらかめにかためるのもおすすめです。

くふう 8

あえ衣やドレッシング、マヨネーズであえる

野菜はごまあえや白あえのような衣、またはドレッシングやマヨネーズであえると飲み込みやすくなります。

よりくわしく知りたいときは こちらの本もおすすめです

『絵で見てわかる かみやすい 飲み込みやすい 食事のくふう』
指導／山田晴子（女子栄養大学出版部）

こんな食材は注意！

次のような性質の食材、料理は飲み込みにくいので注意しましょう。食べるときは、上記のくふうで飲み込みやすくします。

- パサパサしている（水分が少ない）
- カリッとしている
- 粉っぽい
- 水分が少ない
- ホクホクしている
- 粘りけや弾力が強い
- パラパラしている
- ポロポロしている
- ペラペラ張りつく

参考資料／『栄養と料理』2019年3月号・『かみやすい飲み込みやすい食事のくふう』（女子栄養大学出版部）

栄養価一覧

- 『日本食品標準成分表2015年版（七訂）』（文部科学省）に基づいて算出しています。同書に記載のない食品は、それに近い食品（代用品）の数値で算出しました。
- 料理については、特に記載のない場合は1人分あたりの成分値です。
- 煮物など汁が残る料理については、可食部（食べる分）について計算しました。
- 数値の合計の多少の相違は、計算上の端数処理によるものです。

実践！ 献立例

掲載ページ	献立	料理名	エネルギー (kcal)	たんぱく質 (g)	脂質 (g)	飽和脂肪酸 (g)	コレステロール (mg)	炭水化物 (g)	食物繊維総量 (g)	カリウム (mg)	カルシウム (mg)	鉄 (mg)	ビタミンA（レチノール活性当量） (μg)	ビタミンD (μg)	ビタミンE（α-トコフェロール） (mg)	葉酸 (μg)	ビタミンC (mg)	食塩相当量 (g)
18	一汁二菜の献立	ごはん（150g）	252	3.8	0.5	0.15	0	55.7	0.5	44	5	0.2	0	0	0	5	0	0
		なすとわかめのみそ汁	56	3.7	3.2	0.38	0	3.6	1.4	192	45	0.7	4	0	0.2	18	1	0.9
		サケの幽庵焼き	270	20.7	16.2	3.16	72	5.9	1.4	430	27	0.5	18	10.0	3.5	16	4	1.0
		三色きんぴら	104	1.9	4.0	0.58	0	15.2	1.9	298	26	0.6	37	0	1.6	40	87	0.7
		合計	682	30.0	23.9	4.27	72	80.4	5.2	964	103	2.0	58	10.0	5.2	79	92	2.5
20	おかず2品の献立	さつま芋ごはん	315	5.0	0.8	0.23	0	68.7	1.2	294	19	0.8	10	0	0.4	24	7	0.7
		もずく、わかめときゅうりの酢の物	14	0.7	0	0.01	0	3.2	1.2	92	19	0.4	12	0	0.1	11	3	0.9
		中華風チキンロール ※1/6量	182	20.8	5.5	1.43	68	9.7	0.3	391	11	0.5	66	0.1	0.3	19	4	1.5
		合計	511	26.5	6.3	1.67	68	81.6	2.7	776	49	1.7	87	0.1	0.8	54	14	3.0
21	丼物の献立	三色丼	505	21.9	15.0	4.14	390	65.6	0.9	330	59	2.3	149	1.6	1.4	57	7	1.7
		れんこんのすり流し	36	1.6	0.1	0.01	0	6.9	0.8	260	13	0.3	0	0	0.2	8	17	1.3
		合計	541	23.5	15.1	4.15	390	72.5	1.7	590	72	2.6	149	1.6	1.6	64	24	3.0

1章「下ごしらえ済み冷凍食材」

掲載ページ	料理名	エネルギー (kcal)	たんぱく質 (g)	脂質 (g)	飽和脂肪酸 (g)	コレステロール (mg)	炭水化物 (g)	食物繊維総量 (g)	カリウム (mg)	カルシウム (mg)	鉄 (mg)	ビタミンA（レチノール活性当量） (μg)	ビタミンD (μg)	ビタミンE（α-トコフェロール） (mg)	葉酸 (μg)	ビタミンC (mg)	食塩相当量 (g)
25	肉団子 ※1個あたり	58	3.3	4.2	1.17	23	0.9	0	54	7	0.3	6	0.1	0.3	2	0	0.1
32	ごはん（150g）	252	3.8	0.5	0.15	0	55.7	0.5	44	5	0.2	0	0	0	5	0	0
33	おかゆ（150g）	107	1.7	0.2	0.05	0	23.6	0.2	18	2	0	0	0	0	2	0	0
34	トマトソース ※1/2量分	192	5.3	12.3	3.57	11	16.7	3.8	656	33	1.1	102	0.1	3.1	54	33	0.7
35	ホワイトソース ※1/4量分	133	5.1	6.0	3.17	16	13.7	0.6	243	150	0.1	49	0.4	0.3	11	3	1.3
35	白あえのもと ※1/4量分	64	4.0	3.7	0.58	0	3.7	0.6	88	80	0.8	0	0	0.1	11	0	0.9

掲載ページ	料理名	エネルギー (kcal)	たんぱく質 (g)	脂質 (g)	飽和脂肪酸 (g)	コレステロール (mg)	炭水化物 (g)	食物繊維総量 (g)	カリウム (mg)	カルシウム (mg)	鉄 (mg)	ビタミンA（レチノール活性当量） (μg)	ビタミンD (μg)	ビタミンE（α-トコフェロール） (mg)	葉酸 (μg)	ビタミンC (mg)	食塩相当量 (g)
36	めんつゆ ※大さじ1(15g)分	14	0.3	0	0	0	2.3	0	16	1	0.1	0	0	0	1	0	0.5
37	合わせ酢 ※大さじ1(15g)分	7	0.1	0	0	0	1.5	0	9	1	0	0	0	0	0	0	0.7
37	中華だれ ※大さじ1(14g)分	27	0.5	1.1	0.17	0	2.7	0	25	2	0.1	0	0	0	2	0	1.0
37	南蛮だれ ※大さじ1(18g)分	12	0.6	0	0	0	2.4	0	30	2	0.1	1	0	0	3	0	1.1
1章「活用レシピ」																	
38	鶏肉の南蛮漬け	181	17.6	8.3	1.70	51	8.1	2.7	434	32	0.8	241	0.1	1.2	83	33	1.2
40	肉団子の甘酢あん	333	18.3	22.6	6.09	113	10.8	1.8	480	68	1.6	137	0.6	1.5	35	4	0.9
42	青椒肉絲	253	15.4	15.0	4.43	48	11.2	1.9	460	23	1.5	65	0	3.2	58	126	1.8
43	豚となすの おろしあえ	214	12.9	11.7	4.72	38	11.6	4.4	474	50	0.6	12	0.1	0.4	40	8	0.7
44	サケの ちゃんちゃん焼き	365	24.8	22.6	6.21	143	15.3	3.9	711	43	1.6	64	10.6	3.8	43	5	1.4
45	カジキマグロの おろし煮	200	20.0	7.7	1.63	72	9.4	2.9	554	40	0.9	63	8.8	4.4	22	5	1.3
46	サワラの西京漬け焼き	235	22.8	10.3	2.62	60	9.9	1.7	634	34	1.7	21	7.0	0.9	64	5	1.6
47	サケの幽庵焼き	270	20.7	16.2	3.16	72	5.9	1.4	430	27	0.5	18	10.0	3.5	16	4	1.0
47	ブリの香味焼き	288	22.8	18.9	4.60	72	4.2	1.1	523	47	1.8	145	8.0	2.5	35	10	1.4
48	エビとブロッコリーの クリームシチュー	260	18.2	10.5	5.64	90	23.5	3.2	708	307	1.0	178	0.9	1.6	83	24	2.2
50	ミルク茶わん蒸し	177	13.9	9.5	3.76	264	8.0	0.5	343	150	1.3	181	1.3	1.3	50	4	0.7
51	がんもどきと 里芋の煮物	183	10.6	10.7	1.49	0	10.6	2.4	391	180	2.6	132	0	1.2	34	4	0.9
52	いんげんの白あえ	79	4.9	4.2	0.66	0	5.9	1.7	202	111	1.2	18	0	0.2	32	2	0.9
53	もずく、わかめと きゅうりの酢の物	14	0.7	0	0.01	0	3.2	1.2	92	19	0.4	12	0	0.1	11	3	0.9
54	ひじきと油揚げの 含め煮	102	4.2	7.3	0.89	0	5.1	2.1	262	81	0.7	200	0	0.4	11	1	0.4
55	しいたけと小松菜の 中華あえ	36	3.0	1.5	0.22	14	3.8	2.4	177	107	1.1	114	0.1	0.8	57	9	0.4
56	はんぺんと小松菜の お吸い物	19	2.1	0.1	0.02	2	2.6	0.5	146	33	0.5	46	0	0.3	18	6	1.3
57	もずくの卵汁	88	7.4	5.7	1.57	231	1.1	0	173	37	1.1	86	1.0	0.6	26	0	1.3
58	なすとわかめのみそ汁	56	3.7	3.2	0.38	0	3.6	1.4	192	45	0.7	4	0	0.2	18	1	0.9

掲載ページ	料理名	エネルギー (kcal)	たんぱく質 (g)	脂質 (g)	飽和脂肪酸 (g)	コレステロール (mg)	炭水化物 (g)	食物繊維総量 (g)	カリウム (mg)	カルシウム (mg)	鉄 (mg)	ビタミンA（レチノール活性当量） (μg)	ビタミンD (μg)	ビタミンE（α-トコフェロール） (mg)	葉酸 (μg)	ビタミンC (mg)	食塩相当量 (g)
59	豚汁	157	6.9	10.9	3.49	14	6.9	1.7	399	53	0.8	146	0.1	0.7	30	4	0.8
60	肉団子のトマトパスタ	644	25.7	32.8	9.04	102	58.7	6.0	1033	91	2.9	139	0.5	4.6	77	57	1.0
61	かぼちゃのほうとう	300	10.6	12.1	4.62	21	36	4.3	572	46	1.4	103	0.4	1.8	44	16	1.5

2章「とりわけ冷凍おかず」																	
66	中華風チキンロール ※1/6量	182	20.8	5.5	1.43	68	9.7	0.3	391	11	0.5	66	0.1	0.3	19	4	1.5
68	鶏つくね	223	14.7	9.4	2.42	79	18.2	2.1	524	33	1.3	50	0.3	1.4	88	19	1.7
70	にらギョーザ	255	15.6	14.8	4.98	56	12.6	1.1	363	20	1.1	79	0.3	1.1	29	6	0.4
72	豚の角煮	668	22.6	55.2	22.13	105	10.3	0.1	417	9	1.1	17	0.8	1.0	8	2	2.0
74	サンマのしょうが煮	413	22.2	28.4	4.89	78	8.9	1.1	504	62	1.9	23	17.9	2.1	30	1	1.9
76	タラのムニエル	223	18.9	10.7	5.00	77	11.4	1.2	576	43	0.5	81	1.1	1.6	24	19	0.8
77	カレイの煮つけ	243	21.7	6.3	1.14	120	17.3	1.8	460	40	0.7	12	4.0	3.1	46	5	2.3
78	アジのさつま揚げ	236	18.0	12.4	1.83	49	10.0	2.0	466	28	1.1	94	6.9	2.2	35	2	1.1
80	エビの甘酢漬け	117	15.0	2.0	0.24	120	6.6	0.2	227	56	1.1	3	0	1.5	35	2	1.2
82	青のり入り卵焼き	121	7.0	7.2	1.73	231	6.2	1.1	118	42	1.2	85	1.0	0.8	29	2	0.5
83	高野豆腐の射込み煮	213	15.3	9.8	1.86	20	12.3	1.4	271	144	1.9	100	0	0.7	15	2	1.7
84	三色きんぴら	104	1.9	4.0	0.58	0	15.2	1.9	298	26	0.6	37	0	1.6	40	87	0.7
85	ひじきとれんこんの いため煮	86	1.5	3.1	0.47	0	13.0	2.2	352	36	0.5	62	0	0.4	11	16	1.1
86	キャロットラペ	65	0.6	4.1	0.54	0	6.6	1.8	205	20	0.2	519	0	0.7	18	5	0.5
87	かぼちゃサラダ	137	1.8	7.2	0.65	6	16.7	2.8	355	18	0.5	244	0	5.0	34	33	0.5
89	ブロッコリーの ポタージュ	145	9.6	7.3	3.32	16	11.9	3.6	652	182	1.0	100	0.4	2.1	171	93	1.5
89	しいたけの ポタージュ	99	4.7	5.0	0.67	1	11.5	3.2	345	36	1.2	1	0.2	1.9	54	4	0.7
90	れんこんのすり流し	36	1.6	0.1	0.01	0	6.9	0.8	260	13	0.3	0	0	0.2	8	17	1.3
90	にんじんのすり流し	18	0.8	0.1	0.01	0	4.0	0.6	173	12	0.1	173	0	0.2	8	2	1.0
91	白菜の とろとろスープ	100	7.8	5.7	1.57	231	3.8	0.8	313	57	1.2	87	1.0	0.8	56	11	0.7

掲載ページ	料理名	エネルギー (kcal)	たんぱく質 (g)	脂質 (g)	飽和脂肪酸 (g)	コレステロール (mg)	炭水化物 (g)	食物繊維総量 (g)	カリウム (mg)	カルシウム (mg)	鉄 (mg)	ビタミンA（レチノール活性当量） (μg)	ビタミンD (μg)	ビタミンE（α-トコフェロール） (mg)	葉酸 (μg)	ビタミンC (mg)	食塩相当量 (g)
92	エビとほうれん草のグラタン	411	25.2	14.7	4.41	93	41.7	2.1	574	400	1.3	129	0.5	1.6	51	7	2.3
93	お好み焼き	355	21.4	17.4	4.74	185	25.8	2.1	538	157	2.3	60	0.8	1.8	70	23	0.9
94	新しょうがの佃煮 ※小さじ1(4g)分	4	0.1	0.1	0.01	0	0.5	0	9	2	0	0	0	0	1	0	0.1
94	サケフレーク ※大さじ1(15g)分	29	3.1	1.6	0.36	9	0.1	0	45	2	0	3	3.2	0.1	2	0	0.3
94	ふきみそ ※小さじ1(5g)分	6	0.2	0.3	0.05	0	0.8	0.2	27	3	0.1	1	0	0.1	6	0	0.1
3章「冷凍丼」と「炊き込みごはん」																	
96	麻婆なす丼	523	16.0	16.0	4.24	39	74.5	4.6	617	50	1.5	27	0.2	0.9	79	11	3.1
98	三色丼	505	21.9	15.0	4.14	390	65.6	0.9	330	59	2.3	149	1.6	1.4	57	7	1.7
99	野菜たっぷり牛丼	460	23.9	14.0	5.25	70	50.6	2.0	602	34	2.2	27	0	1.7	46	54	2.7
100	シラス丼	350	11.0	6.3	1.31	135	59.1	0.9	144	54	1.2	53	3.4	0.7	23	2	1.6
100	サケのり丼	506	28.6	13.0	2.93	64	63.9	1.9	539	35	1.0	51	23.0	0.9	57	35	2.1
102	甘辛豚丼	583	38.9	12.1	3.00	89	70.0	1.1	853	27	2.1	15	0.5	0.7	21	10	2.8
103	サーモンアボカド丼	588	22.1	27.4	4.34	51	61.3	4.4	899	28	1.2	33	5.9	5.3	90	13	1.4
106	竹の子ごはん※1/4量	301	6.8	0.8	0.24	0	63.6	2.0	352	15	0.9	1	0	0.6	43	4	1.3
107	桜ごはん※1/4量	274	4.6	0.7	0.22	0	58.7	0.5	67	4	0.6	0	0	0.1	9	0	0.5
107	芽株わかめとサクラエビのごはん※1/4量	290	6.9	0.9	0.28	18	60.8	1.1	183	73	0.8	4	0	0.3	24	1	0.7
108	栗おこわ※1/5量	440	8.0	1.4	0.35	0	94.8	5.0	397	23	1.0	2	0	0.1	63	18	1.0
108	きのこごはん※1/4量	300	7.1	1.1	0.26	0	65.8	3.8	364	7	1.0	16	0.8	0.1	35	0	1.2
109	さつま芋ごはん※1/4量	315	5.0	0.8	0.23	0	68.7	1.2	294	19	0.8	10	0	0.4	24	7	0.7
109	とりごぼうごはん ※1/4量	281	10.6	7.8	2.23	40	37.5	1.7	269	18	0.8	22	0.2	0.5	30	2	0.7
109	中華おこわ ※1/7量	357	14.1	7.3	1.68	24	55.5	1.6	368	12	0.6	3	0.1	0.7	27	3	1.1
110	赤飯	306	6.9	1.3	0.28	0	63.9	2.2	225	16	0.7	0	0	0.2	23	0	0.3
110	手まり寿司3種	429	13.1	8.9	0.71	74	70.2	0.7	155	23	0.7	22	0.3	0.5	17	0	1.5

料理・アドバイス

小菅陽子（こすげようこ）

料理研究家、女子栄養大学生涯学習講師。女子栄養短期大学卒業後、ヨーロッパ各地の製菓学校で菓子作りを学ぶ。料理とお菓子の教室「コンベルサッシオン」を主宰。かんてんや海藻を使った料理にも造詣が深い。数年前から、地域の高齢者が集う「カレーサロン」を、月に一度自宅にて開催している。著書に『かんてんレシピクラブ』『かんてんレシピクラブ2』（女子栄養大学出版部）などがある。

公式ホームページ　http://y-kosuge.com/

かむ・のむPOINT指導

府川則子（ふかわのりこ）

女子栄養大学准教授。前・東京都健康長寿医療センター栄養科長。糖尿病、糖尿病腎症、慢性腎臓病、循環器疾患、フレイルなどの栄養相談に従事。共著に『60歳からの筋活ごはん』『60歳からの血糖コントロールごはん』（女子栄養大学出版部）などがある。

STAFF

撮影　柿崎真子

デザイン・DTP　マルサンカク

スタイリング　八木佳奈

撮影協力　UTUWA（☎03-6447-0070）

イラスト　かまたいくよ

栄養価計算　戌亥梨恵

校閲　くすのき舎

編集　平山祐子

家のごはんといっしょに作ってお届け！

とりわけ冷凍で親ごはん

2019年9月20日　初版第1刷発行

著　者　小菅陽子

発行者　香川明夫

発行所　女子栄養大学出版部

〒170-8481　東京都豊島区駒込3-24-3

電話 03-3918-5411（営業）03-3918-5301（編集）

ホームページ　http://www.eiyo21.com/

振替　00160-3-84647

印刷・製本　中央精版印刷株式会社

ISBN978-4-7895-4751-2